COSAS QUE INCOMODAN

DARIEL VENTURA

COSAS QUE INCOMODAN

Ilustraciones de
MATU SANTAMARÍA

NUBE DE TINTA

Papel certificado por el Forest Stewardship Council®

Penguin
Random House
Grupo Editorial

Primera edición: abril de 2024

Printed in Spain – Impreso en España

ISBN: 978-84-18050-91-6
Depósito legal: B-4566-2024

Compuesto por Miguel Ángel Mazón Studio

Impreso en Gómez Aparicio, S. L.
Casarrubuelos (Madrid)

NT 5 0 9 1 6

Índice

Prólogo

En la agitada mar de la psicología contemporánea, Dariel Ventura emerge como un faro, iluminando las aguas turbulentas de nuestras mentes con su mirada penetrante y voz sincera. *Cosas que incomodan* es una brújula para aquellos que se aventuran en los territorios desconocidos de la salud mental, guiados por un navegante experto que conoce los recovecos más oscuros del alma humana y no duda en explorarlos con valentía y compasión.

Desde sus inicios como divulgador en las redes sociales hasta su consagración como referente en la visibilización de la salud mental, Dariel Ventura ha sido un guía para millones de personas que buscan comprenderse a sí mismas y encontrar respuestas a sus inquietudes más profundas. El lenguaje claro, directo y cercano del autor resuena en cada página del libro, como un eco reconfortante que nos recuerda que no estamos solos en las propias luchas internas.

Es admirable observar cómo Dariel fusiona la formación profesional como psicólogo colegiado con la larga experiencia en el mundo del espectáculo. Su habilidad para comunicar ideas complejas de manera accesible y amena no solo refleja la destreza que tiene como comunicador, sino también el profundo compromiso que establece con el bienestar emocional de quienes lo siguen.

En *Cosas que incomodan*, Dariel Ventura nos invita a adentrarnos en temas que, por su naturaleza, pueden resultar incómodos o tabúes en nuestra sociedad. Desde la comúnmente denominada «conducta», la ansiedad o la depresión hasta las relaciones tóxicas y la autoestima, pasando por los trastornos alimenticios (TCA) y las personas altamente sensibles (PAS), el autor aborda con franqueza y empatía aquellas cuestiones que nos mantienen despiertos en las noches de insomnio mientras nos preguntamos si somos los únicos que experimentamos tales sentimientos.

Pero lo que distingue este libro es su capacidad para incomodar. Sí, así como lo lees. Dariel Ventura no busca complacernos con respuestas fáciles o soluciones mágicas, sino que nos desafía a confrontar nuestras verdades más profundas y a mirar de frente las propias vulnerabilidades. En un mundo donde la superficialidad y el escapismo son moneda corriente, su enfoque directo y sin adornos se convierte en un bálsamo refrescante para el alma.

Al leer estas páginas, es inevitable sentirse identificado con las historias y reflexiones que Dariel comparte con nosotros. La capacidad que tiene para encontrar belleza en la imperfección y fortaleza en la vulnerabilidad nos recuerda que las luchas internas no nos hacen menos dignos de amor y comprensión, sino más humanos y auténticos.

Este libro no pretende ser una panacea para todos los males, tampoco un manual de instrucciones para la felicidad. Más bien es un compañero de viaje que nos acompaña en el camino hacia el autodescubrimiento y la aceptación. En un mundo donde la presión por ser perfectos acecha en cada esquina, *Cosas que incomodan* nos invita a abrazar las propias imperfecciones y a encontrar belleza en la vulnerabilidad.

Al cerrar el libro siento, inevitablemente, una profunda gratitud hacia Dariel Ventura por su valentía al enfrentar los temas difíciles y por la generosidad que muestra al compartir sus conocimientos y experiencias con nosotros. Que esta obra sea un faro de esperanza y comprensión para todos aquellos que se aventuran en las profundidades del propio ser, buscando respuestas a las preguntas que incomodan y encontrando consuelo en la certeza de que no están solos en el viaje.

Para finalizar, debo añadir que me resulta un auténtico honor prologar su nueva obra —tras haberlo hecho con el primer libro que publicó, *La verdad pacífica*, en 2021—, no solo como admirador del enorme talento que posee y sabiendo que este no será el último capítulo en su trayectoria como escritor. Más allá del éxito que ha logrado como psicólogo, comunicador social o *influencer*, mi vínculo familiar con Dariel me permite admirarlo por encima de lo profesional, también como persona. Que este libro sea un testimonio de la pasión que siente por compartir su sabiduría y corazón con el mundo, y que continúe inspirando y transformando vidas con cada palabra que escribe.

Alfred López,
escritor y divulgador de curiosidades y
autor de *Ya está el listo que todo lo sabe*

1
¿QUÉ ES LA CONDUCTA?

Si ahora mismo te pregunto: «¿Qué es la conducta?», es más que probable que tu respuesta sea «Lo que hacemos», y, por simplista que parezca tal contestación, desde un prisma científico es acertada tu respuesta: «"Conducta" es aquello que hacemos». Ahora bien, lo que hacemos... ¿con respecto a qué lo hacemos?

Automáticamente, el foco de interés deriva de centrarnos con exclusividad en lo que hacemos a volcarnos también en aquello que despierta, provoca, motiva o elicita ese *hacer*; en otras palabras, observar el entorno circundante del organismo emisor de una conducta. Pongamos el ejemplo de Paco, un hombre de mediana edad que ha nacido y crecido en una isla desierta y a quien invitamos a Madrid para hacerle una entrevista:

—Bueno, Paco... somos conscientes de que hasta la fecha has sobrevivido a base de cocos y de una pesca rudimentaria, pero nos preguntábamos cómo tienes la autoestima.

Paco no responde.

—Entendemos que es una pregunta difícil de responder, dadas las condiciones ambientales a las que te has tenido que enfrentar tú solo. Cambiemos de pregunta: ¿Tienes problemas de imagen corporal?

Paco no responde.

—Hum... vale, no pasa nada, Paco, ¿quizá eres un poco introvertido?

> **Paco no responde.**
>
> **—Pero, a ver, Paco, ¡puedes responder algo! —alerta el entrevistador, elevando los brazos y tirando con enfado y frustración su chuleta al suelo.**
>
> **Paco se levanta automáticamente del asiento y salta a la yugular del entrevistador, provocando que terceras personas intervengan para separarlos.**

¿Plantea Paco un problema de conducta? ¿Puede que tenga algún trastorno de personalidad que excuse su violencia? ¿Sufre en ese instante alguna clase de alucinación que le hace interpretar que el entrevistador es un dragón de tres cabezas? Sencillamente, Paco no sabe hablar. Su respuesta *violenta* lo es en función de una presunta amenaza que Paco detecta en su entorno: la reacción del entrevistador.

Puede que este parezca un ejemplo muy fuera de lugar, y no podría estar más de acuerdo con tal consideración; sin embargo, no es el ejemplo lo que está fuera de lugar, sino el hecho de considerar en Paco constructos psico-sociales —autoestima, imagen corporal, introversión…—, a pesar de que él no disponga de lenguaje ni de interacciones socioverbales previas en su historia de aprendizaje; ni siquiera es capaz de pronunciar: «No me llamo Paco; Paco es el nombre que tú has decidido ponerme».

Es probable, no obstante, que el lector piense: «Bueno, vale, pero los seres humanos no solo emitimos conductas… también pensamos, sentimos, soñamos… Hay muchas más cosas, además de las que hacemos. En el caso de Paco, su conducta ha sido violenta, pero ¿qué sucede con lo que estaba pensando Paco en ese momento?, ¿qué emociones sentía? Esto no entra dentro de la conducta, entiendo yo…». Y en tal caso, tan solo puedo decirte que lo entiendes mal. Desde las ciencias del comportamiento, consideramos que la conducta es «toda respuesta que emite un organismo bajo condiciones ambientales específicas». Esto que denominamos «respuesta» no solo involucra lo que ese organismo «hace» de forma explícita o manifiesta, sino aquello que piensa, siente, anticipa, teme, ama y un amplio abanico de expresiones verbales que, igual que los verbos, refieren acciones.

Para ser más claro —y preciso— al respecto, permíteme compartir contigo un extracto del primer artículo que me hizo comprender el fenómeno «conducta»:
«En efecto, a fuerza de repetir una conducta, se adquiere una maestría cada vez más pronunciada; la conducta se automatiza (…). La conducta puede entonces interiorizarse, emitirse sin recurrir a su componente motriz. Este proceso se puede ver claramente en el aprendizaje de la lectura. Al principio, se lee en voz alta, siguiendo el texto con el dedo y moviendo todos los músculos del aparato fonador. Posteriormente, se abandona el señalar con el dedo; se llega luego a leer "para sí", sin emitir ningún sonido, pero se distingue todavía un ligero movimiento de los labios, hasta que todo movimiento desaparece y se llega a la lectura silenciosa del adulto, a la lectura que se podría llamar "mental"». (Freixa i Baqué, 2003).

Automáticamente, damos con un descubrimiento sin igual: lo que sucede dentro de la mente es a imagen y semejanza de lo que ocurre fuera de la misma. Es más, se trata exactamente de la misma conducta manifiesta; sin embargo, está interiorizada y automatizada. La aparente división en dos mundos —el explícito/manifiesto y el implícito/encubierto— pasa a converger en uno solo. Y en palabras de Freixa i Baqué, se traduciría, análogamente, por: «El iceberg es el conjunto, la suma de la parte visible y de la parte escondida; el hecho de que esté dividido en dos partes por la frontera de la línea de flotación no tiene el poder de generar dos fenómenos diferentes (…), la conducta es el conjunto, la suma de la parte manifiesta y de la parte "mental", y el hecho de que esté dividida en dos por la frontera de la piel no tiene el poder de generar dos fenómenos diferentes». (Freixa i Baqué, 2003).

1.1. LA METÁFORA DEL AGUA

Me gusta comparar el comportamiento humano con el del agua.

Lo sé, suena un poco a filosofía oriental —a taoísmo, para ser más específicos—. Lo cierto es que se pueden extraer interesantes hipótesis de la filosofía oriental. Tanto es así que me gustaría compartir contigo esta metáfora, refiriendo cómo se comporta el agua —sin ser yo Bruce Lee—, en un amago de explicar, a su vez, cómo, por qué, para qué y en función de qué nos comportamos nosotros, los seres humanos.

Si echo agua en un vaso y la dejo reposar, puedo verbalizar: «Esta agua es tranquila», atribuyendo un rasgo a su ausencia de agitación.

Si el vaso reposa sobre una mesa que está siendo golpeada, advierto vibración en el líquido acuoso y puedo verbalizar:

«El agua es nerviosa», atribuyendo un rasgo a su agitación.

Si añado aceite al vaso, advertiré que el agua no se funde con el aceite, y podré verbalizar: «El agua tiene baja autoestima», ya que se halla enclaustrada en las profundidades del vaso.

Y si hace mucho calor en la habitación en la que el vaso está ubicado, en cuestión de días advertiré que el agua desciende en volumen, pudiendo verbalizar: «El agua tiene depresión».

Si dispongo cuatro vasos más a su alrededor y vierto el agua que contienen sobre el primero, advertiré que el agua se desborda, entonces podré verbalizar:

«El agua es trastorno negativista desafiante».

Y si los cuatro vasos circundantes tienen formas aparentemente estéticas, el vaso del medio puede vomitar el agua que contiene en su interior con el objetivo de asemejarse a esos cuatro vasos, entonces puedo concluir que «el agua tiene un TCA».

En cada caso ignoro que el comportamiento del agua es de una u otra manera en función de las al-

teraciones en el ambiente en que se encuentra el agua, no en base a *rasgos* que el agua *tiene*.
Y es que incluso el vaso que contiene el agua hace que el agua adquiera forma de vaso.

1.2. ¿ESTAMOS TODOS MALITOS DE LA CONDUCTA?

Es relativamente sencillo descartar si se padece un catarro, una neumonía o un cáncer de pulmón. El paciente en cuestión identifica unos síntomas en el cuerpo y a partir de ese momento tiene tres opciones: *a*) no prestarles atención, *b*) autodiagnosticarse, *c*) consultar con un profesional sanitario que confirme o desmienta su hipótesis. La opción A conlleva unos riesgos que la opción B opaca con una falsa sensación de control y que la C previene. La opción A ignora lo que la B también ignora y la C explora. La opción A puede agravar lo que la B sospecha y la C aspira a mitigar. En el mejor de los casos —y que sería lo más responsable—, el paciente no duda en ponerse en manos de un médico que le ofrezca un tratamiento tras la evaluación de los síntomas; también en el mejor de los casos, este proceso agiliza que la tos —con o sin flemas— desaparezca. Todo cambia cuando hablamos de conducta. La persona que experimenta algún malestar bajo el pseudónimo de «depresión», «ansiedad», «alta sensibilidad», «apego ansioso-ambivalente» o cualquier otro apellido a su identidad, avalado por los criterios diagnósticos del Manual Diagnóstico y Estadístico de los Trastornos Mentales —popularmente conocido como DSM— u otras fuentes más o menos fiables de información, considera de entrada que la evaluación de dicho malestar es imposible.

«¿Cómo podrá alguien medir esto que siento, cuando lo que siento no es físico?». Automáticamente, un inasible, amorfo, profundo, oscuro y arbitrario mundo interior regurgita una aparente explicación del comportamiento: «Los humanos nos comportamos de una u otra manera porque hay algo dentro de nosotros que actúa en nuestro nombre». ¡Chin pum! Doy por concluida la explicación de mi problema y, sea lo que sea que me pase, me pasa solo a mí, lo siento solo yo y ni siquiera yo conozco sus límites —véase la similitud entre esta pseudoexplicación de la conducta humana y una posesión demoníaca frente a la cual la voluntad queda completamente velada.

A continuación, un debate entre un terapeuta y su consultante en la evaluación de su bajo estado de ánimo:

—Paciente: Pues eso, que tengo depresión.

—Terapeuta: Vale. ¿Te parece si evaluamos esta conducta?

—Paciente: No sé si se puede evaluar algo así...

—Terapeuta: ¿Qué síntomas experimentas para ponerle el nombre de «depresión»?

—Paciente: Pues... me siento triste todo el tiempo, con ganas de llorar, doy muchas vueltas a las cosas, no tengo ganas de hacer nada y siento un vacío muy grande en el estómago.

—Terapeuta: Cuando dices que estás triste todo el tiempo... ¿realmente es todo el tiempo u ocurre especialmente en algún momento concreto del día?

—Paciente: Especialmente de noche, cuando vuelvo del trabajo y estoy solo en casa.

Google

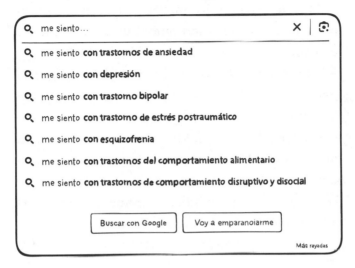

Q me siento...   ✕ | 📷

Q me siento **con trastornos de ansiedad**

Q me siento **con depresión**

Q me siento **con trastorno bipolar**

Q me siento **con trastorno de estrés postraumático**

Q me siento **con esquizofrenia**

Q me siento **con trastornos del comportamiento alimentario**

Q me siento **con trastornos de comportamiento disruptivo y disocial**

> [Buscar con Google]   [Voy a emparanoiarme]

Más rayadas

—Terapeuta: ¿Qué me dices de las ganas de llorar?, ¿algo las desencadena?

—Paciente: Suelo pensar en la ruptura con mi pareja o revisar fotos con él en mi móvil, y automáticamente me rompo.

—Terapeuta: ¿Y ese sobrepensamiento? ¿Te ocurre 24/7?

—Paciente: A ver, si estoy en la oficina no tengo tiempo para sobrepensar, porque hay demasiado trabajo que hacer. Me pasa cuando estoy de fiesta con mis amigas y me pregunto qué estará haciendo él en ese momento, si estará ligando con otra...

—Terapeuta: ¿Y qué haces después de visualizar todos esos escenarios?

—Paciente: Le escribo un wasap y empezamos a hablar.

—Terapeuta: ¿Y eso te hace sentir mejor?

—Paciente: Pues sí. O sea, después vuelvo a sobrepensar, pero en ese momento... diría que me alivia un poco.

—Terapeuta: Vale. Hablemos de tu falta de ganas para hacer nada. ¿Te ocurre también durante las fiestas con tus amigas?

—Paciente: Hum... no. Me ocurre cuando termino mi jornada laboral entre semana y llego a casa. Solo quiero tumbarme en el sofá y ver *Psicoflix*. Por la mañana, más de lo mismo. Apago las cinco alarmas que me pongo y apenas desayuno.

—Terapeuta: Entiendo. ¿Cuántas comidas haces al día?

—Paciente: Una. Como mucho, dos. Como te decía, muchas veces voy al trabajo sin desayunar. En la hora de la comida me como un mísero sándwich y luego, al llegar a casa, me tomo un té.

—Terapeuta: Vale. Bueno, te agradezco mucho que me hayas brindado toda esta información. Es muy valiosa de cara al análisis funcional de lo que te ocurre.

—Paciente: Tengo una depresión de caballo, ¿verdad?

A sabiendas de que la paciente/cliente/consultante de este ejemplo sufre un proceso de duelo por su ruptura sentimental, el nombre «depresión» podría ajustarse perfectamente a los síntomas que la aquejan, pero tal etiqueta psicopatológica tan solo podría cumplir una función: describir lo que le pasa; no explicar lo que le pasa. ¿Cuál es la diferencia? Fácil. «Describir», es decir que la depresión se caracteriza por lo que está sintiendo la paciente. «Explicar», en cambio, es analizar aspectos —variables— que están involucrados en el origen de ese bajo estado de ánimo y en el modo en que se ha mantenido hasta ahora; o, dicho de otra manera, es alertar que contactar con su novio y experimentar alivio y certidumbre —«Uf… no está con otra»— ocurre tras la ejecución de una conducta: no dejar de darle vueltas a la cabeza. ¿Qué se aprende de ello? Los picos de malestar y tristeza, por otro lado, no ocurren cuando está ocupada, sino bajo condiciones de baja estimulación. ¿A qué entornos se asocia entonces la tristeza? El desgastante trabajo de oficinista dificulta que a la consultante le apetezca hacer otra cosa salvo tumbarse y ver la tele. ¿A qué hábito se extrapolan estas acciones? Y, por último, el hecho de ingerir una única comida al día puede interferir en la sensación de tener un inmenso vacío en el estómago. ¿Puede que tenga hambre? Por supuesto, todas estas explicaciones son hipótesis que deberán confirmarse o desmentirse mediante la modificación de las variables, pero ya no describen lo que le sucede a la paciente, sino que aspiran a un análisis conductual de por qué y para qué le pasa lo que le pasa.

1.3. EL CONTEXTO: *ESO* QUE NO TENEMOS EN CUENTA AL HABLAR DE ENFERMOS MENTALES

Una flor empoderada, de lujosos pétalos, tallo firme sobre el suelo y fragancia de agua de rosas mira condescendiente a la flor mustia que tiene al lado. No logra entender cómo es posible que, siendo flores las dos, tengan un estilo de vida tan discrepante. De algún modo, la ofende la actitud *mustia* de la otra flor. «Pero, vamos a ver… ¡Eres una flor! Se supone que tienes que brillar, ilustrar a tus hermosos pétalos y desprender una exquisita fragancia, si no ¿quién se va a fijar en ti?», medita para sus adentros la flor empoderada. La flor mustia, por su lado, observa con admiración a la flor empoderada, repitiéndose a sí misma: «Jamás llegaré a ser tan hermosa como lo es ella, estoy condenada a ser mustia, una planta cualquiera en la que nadie se fijará». De modo que, si en algo están de acuerdo las dos flores es en que una de ellas tiene un *problema*.

Esta pequeña historieta ilustra algo que es extrapolable a la vida humana.

Con excesiva facilidad somos capaces de atribuir actos de voluntad al comportamiento humano, es decir, si estás triste u optimista, alegre o enfadada, arreglada o descuidada es porque quieres; porque eliges estarlo.

No me cabe la menor duda de que el cómputo de superventas de autoayuda ha podido contribuir, en mayor o menor medida, al mantenimiento de esta hipótesis, lo cual me sugiere que muy *auto* no es tal ayuda. Un enfoque alternativo frente a los acontecimientos —enfoque certero, en tanto que lo respalda un aval científico— es dejar de considerar la *actitud* de la flor empoderada o la *actitud* de la flor mustia y prestar atención a las condiciones en las que ambas se hallan, ya que estas explican, sin lugar a dudas, la construcción de esa presunta *actitud*. En otras palabras, la flor empoderada ha sido sembrada sobre tierra fértil, con las condiciones meteorológicas propicias para su desarrollo como flor —pétalos coloridos, exquisita fragancia, tallo firme…—, mientras que la flor mustia es, de hecho, la única

flor de todo un terreno infértil, seco y desértico del que se sobreentienden condiciones climatológicas incompatibles con la mera posibilidad de florecimiento. Y pese a todo, floreció.

Por otro lado, cabe señalar los atributos con los cuales identificamos a ambas flores. A la primera la llamamos «flor empoderada», mientras que a la segunda la nombramos «flor mustia». Podrían parecer simples denominaciones descriptivas de la identidad de cada flor, pero con curiosa y sutil facilidad pueden también convertirse en parte del mantenimiento de una conducta. Si sistemáticamente me refiero a la flor *empoderada* como «empoderada», dicha flor se asegurará de cuidar las propiedades que le he atribuido. Lo mismo sucede con la flor *mustia*, condenada a ser meramente mustia, porque en primer lugar soy yo quien la señala, identifica y encuadra bajo tal definición.

En el abordaje de la enfermedad mental, el primer traspié es referirnos a este fenómeno como «enfermedad» y como «mental». La conducta depresiva es, ante todo, sobre todo y exclusivamente, una respuesta emitida por un organismo en función de un contexto dado y unas condiciones ambientales —presumiblemente precarias o deficientes— que explican que —del repertorio conductual con el que cuenta (y siempre contará) ese organismo— la conducta depresiva sea la que le ha permitido sobrevivir y sobrellevar tales condiciones.

No aparece en ningún instante de la previa definición la palabra «mente», y se debe a una sencilla razón: no es una *mente* la que rige la conducta depresiva del organismo en cuestión, sino que es el propio organismo el que se comporta de un modo depresivo, y son las variables circundantes —su contexto— las que justifican el mantenimiento de esta conducta; tal conducta no se debe a la ausencia de repetirse a sí mismo: «Si quiero, puedo».

A propósito del concepto de «mente», recuerdo aquel instante de mi formación como psicólogo en el que *me petó* el cerebro cuando descubrí que *eso* a lo que hasta entonces me refería con mucha relajación de costumbres y con aires de grandeza y grandilocuencia intelectual como «mente», en esencia, no existe. Hice tal descubrimiento, como no, de la mano de Skinner, en su libro *Sobre el conductismo*, cuando refiere que «se dice que la mente desempeña un papel importante en el pensamiento. Algunas veces se habla de ella como el lugar donde ocurre el pensamiento (…). Puede estar vacía o llena de hechos; puede ser ordenada o caótica (…). Una solución mucho más simple consiste en identificar la

mente con la persona. El pensamiento humano es comportamiento humano. La historia del pensamiento humano es lo que la gente ha dicho y hecho. Los símbolos matemáticos son el producto del comportamiento verbal escrito y hablado, y los conceptos y relaciones que simbolizan están en el ambiente. El pensamiento tiene las dimensiones del comportamiento, no las de un imaginario proceso interno que encuentra su expresión en el comportamiento». (Skinner,1974).

1.4. ¿CÓMO EVITAR ESTA CATÁSTROFE?

Parece obvio pensar que para evitar que la flor *mustia* siga siendo *mustia*, lo apropiado es, en primer lugar, sembrarla en un terreno fértil con las condiciones meteorológicas apropiadas, pero si no contamos con tal posibilidad y, en cambio, germina en un desierto, ¿qué podemos hacer entonces?, ¿cómo podemos procurarle su mejor florecimiento? Bueno, quizá un primer paso sea considerar la posibilidad de que la flor *mustia* no llegue nunca a ser una flor tan *empoderada* como su compañera, en tanto que no dispone de las mismas condiciones. En otras palabras, ajustar las expectativas a lo que podemos esperar de esta flor. Pero en un intento por mi parte de no enredarme en la misma metáfora y extrapolarlo a aspectos humanos, consideremos el fenómeno «imagen corporal».

Entendemos por «imagen corporal» —dentro del gran abanico de definiciones que podrás encontrar en referencia a este constructo— «la percepción que tenemos de nuestro propio cuerpo», siendo esta percepción —igual que muchas otras— el resultado de una compleja historia de aprendizaje a lo largo de nuestra vida que nos hace ver nuestro cuerpo como lo vemos y no de otro modo. En pocas palabras, no es una casualidad que si durante buena parte de tu vida los demás se han referido a tu cuerpo de una manera hostil o con menosprecio, hoy te *veas* de manera hostil y *te hables* con menosprecio. Es aprendizaje. Ahora bien, tener expectativas ajustadas en cuanto a lo que se puede esperar de ti en términos de *mejora* de la imagen corporal dista mucho de hacer un trabajo terapéutico, basado en el «Ámate incondicionalmente», «repítete lo atractiva que eres», «sal y cómete el mundo» y otras gilipolleces que suenan más a conjuros que a modificación de la conducta. En el trabajo de la imagen corporal, el primer paso es conocer el contexto —con todo lo que esa palabra alude— de la persona en cuestión. Eso supone tener en cuenta cómo fueron tus relaciones con mamá y con papá, tus hermanos/as, con los amigos cercanos, tus relaciones sexoafectivas y en la escuela. Pero también supone ampliar la mirada hacia tu barrio, tu ciudad, tu país, su bagaje religioso, filosófico y político y hasta el momento histórico en que se encuentran tanto tu país como el mundo. ¿Por qué? Porque si a nivel mundial sostenemos la creencia de que la gordura —por ponerte un ejemplo— es una enfermedad producida por la falta de voluntad, por mucho que tu terapeuta trabaje contigo el presunto *amor incondicional* una hora a la semana, las 167 horas restantes recibirás la información opuesta, y tu imagen corporal, más que mejorar, se basará en un tira y afloja de por vida.

Una alternativa de expectativas ajustadas es encuadrar tu imagen corporal dentro de este contexto y trabajar en pro de que tengas una vida lo más beneficiosa posible, un trabajo que no se base en la exploración e intervención del amor incondicional, sino en la del compromiso hacia el tipo de persona y el estilo de vida que quieres tener, más allá de tu gordura. (Nótese que digo «más allá de» y no «en contra de» o «a favor de». Eres alguien, además de tu peso).

En otras palabras, el trabajo de tu terapeuta ha de acompañarte a identificar tus limitaciones contextuales —por doloroso que sea en un primer instante para la flor *mustia* reconocer que sus condiciones climatológicas son nefastas—, y el trabajo de tu propio contexto —el jardinero, en el caso de la flor— debe alertar las variables que interfieren en el mantenimiento de que *te veas* horrible en el espejo; entre estas variables, cabe destacar las opiniones de mierda que nunca has solicitado respecto a tu cuerpo.

2
¿QUÉ ES LA DEPRESIÓN?

2.1. INTRODUCCIÓN: LA RESPUESTA DEPRESIVA

Hablemos de la depresión. Imagínate que a ojos de la sociedad eres «algo», no «alguien», de lo que sacar provecho. Un objeto de transacción entre tu madre y tu padre, la escuela y el trabajo, el amor y el consumismo. Y entre tantas exigencias, te levantas un día sin ganas de hacer nada. Sin querer socializar, sin querer dártelas de buen hijo, de empleado, pareja o amigo. Ni siquiera tienes apetito. Comes porque hay que comer, eres cordial porque hay que serlo. Saludas, sonríes y finges una mueca de autorrealización, porque si no la sociedad Mister Wonderful en la que vives se percatará de que algo no va bien y te castigará pasivo-agresivamente con una lista de razones por las que deberías sentir gratitud; nadie tendrá en consideración que no te apetece agradecer una mierda. Entonces te das cuenta de que todo lo que hacen los demás para que dejes de estar triste no lo hacen por ti, lo hacen por ellos mismos. Les incomoda que sepas escucharte más a ti mismo que a los libros de autoayuda. El optimismo radical ha hecho mucho daño, porque ahora si no estás radiante de felicidad eres un lastre y, poco a poco, el mundo —tu mundo— empieza a tratarte como tal. Te miran raro, te hablan menos, toman distancia y poco les falta para ponerse una mascarilla en tu presencia. Lo que empezó siendo una respuesta depresiva pasa a ser una etapa depresiva y, después, un rol social depresivo; la etiqueta que la sociedad te adjudica. Y ahora es cuando yo te pregunto: ¿Tienes depresión o expresas la depresión del mundo?

¿Qué se te pasa por la cabeza al pensar en la palabra «depresión»? O, mejor aún, ¿quién te viene a la cabeza al pensar en dicha palabra? ¿Cómo te imaginas a esa persona?, ¿melancólica?, ¿pesimista?, ¿con pocos amigos? ¿O quizá con un amplio círculo social pero sin llegar nunca a expresar lo que siente, quedándose en el fondo de las conversaciones con actitud de indiferencia? ¿Le falta echarle ganas a la vida?, ¿quizá, fuerza de voluntad? ¿Te da pereza solo de pensar en lo arduo que tiene que ser relacionarse con una persona que presente estas características? La imagines como la imagines, es probable que la visión preconcebida —porque en un elevado porcentaje lo es— que tengas de la respuesta depresiva esté basada más en conductas estereotipadas asociadas a este fenómeno que al fenómeno en sí mismo y, aun en el caso de que se correspondieran, la topografía de conducta depresiva de un individuo es singular. ¿Qué significa esto? Que no toda *depresión* se manifiesta bajo la misma forma, por mucho que la atribuyamos a una carita con una mueca hacia abajo. A lo largo de este capítulo no solo abordaremos la topografía y la función de la conducta depresiva, sino también las consecuencias —en términos de mantenimiento del bajo estado de ánimo— de presentarnos bajo este tipo de miradas, discursos y acciones condescendientes, *crossfiteadas* y sacadas de manuales de autoayuda de tapa blanda, ante alguien que atraviesa este proceso. Porque, sí, en algún lugar de nuestro cerebelo estamos seguros de que las reglas del juego son las que nos fueron bien a nosotros bajo unas condiciones específicas —«A mí, dar gracias me ayudó a sentirme guay»—, y quizá no reconozcamos la inutilidad de tales discursos —la persona ya ha probado *tu* gratitud— ni sus consecuencias, ya que, *a priori*, no nos repercute con aversión a nosotros mismos, sino al llamado «enfermo» y a su ingesta sistemática de antidepresivos como mantenedores de muletas.

A propósito de las muletas psicofarmacológicas a las cuales nos aferramos —y que la sociedad nos brinda como si de golosinas se tratase—, es importante advertir, tal y como expresa Marino Pérez, que la conducta depresiva «no es algo que uno tiene, según a menudo se da a entender, como si uno tuviera dentro de sí una condición patógena (un desequilibrio neuroquímico o un déficit en el funcionamiento psicológico), sino una situación en la que uno está, por lo pronto, sin alicientes, al menos, sin los alicientes que hasta ahora eran importantes. Esta situación depresiva puede deberse a varias circunstancias, aunque a veces no sean fáciles de determinar». (Álvarez, 2007).

El mismo autor también señala una advertencia en cuanto a la —muy de moda— medicalización de cualquier experiencia de sufrimiento por la cual transite un organismo al verbalizar que «la medicación es sin duda el tratamiento más utilizado hoy día para la depresión (…), la alternativa sería un modelo contextual que, como se ha visto, empieza por enseñar al cliente a comprender el problema presentado en relación con las circunstancias personales y en relación también con las cosas que él hace en tal situación (y no como algo que "le pasa" o "falla" dentro de sí)». (Álvarez, 2007).

No podemos obviar que cualquier respuesta emitida por un organismo —lo que incluye también una respuesta depresiva— lo es en función de un ambiente dado, unas contingencias muy particulares y unas estrategias que el propio organismo ejecuta en pro de su supervivencia y en vista de su historia de aprendizaje. La terapia, como proceso, como contextualización de los problemas psicológicos y, en última instancia, como modificación de la conducta, tiene por objeto de estudio ese comportamiento en relación a un contexto dado, y tiene como objetivo la adquisición de repertorios comportamentales alternativos que el sujeto pueda entrenar e incorporar en pro de su propio bienestar bio-psico-social.

2.2. LA METÁFORA DEL ERMITAÑO

Manu es un hombre de mediana edad que vive en una pequeña cabaña, alejado de la sociedad. «Con lo feliz que soy yo con mi chimenea, el silencio y el ronroneo de mis rumiaciones…», se dice a sí mismo en un intento de autoconvencimiento de que las interacciones sociales son un fenómeno prescindible. Manu tuvo un pasado como cualquier otro, basado en experiencias de amor y desamor, de rebelión contra sus padres, con un trabajo de camarero que detestaba —más que por la explotación, por tener que lidiar con clientes poco amables—; aun así, la hostelería le brindaba un salario a final de mes que destinaba a recurrentes fiestas, a la ingesta de alcohol y otras drogas, hasta que un fin de semana optó por quedarse en casa y no salir de fiesta. Experimentó entonces una curiosa satisfacción estando solo, así que se propuso repetirlo. Volvió a experimentar esa misma satisfacción y verbalizó: «La soledad es un

poco adictiva», frase que acabó convirtiéndose en su mantra para justificar su inacción. El sofá, la manta, la maratón de series con cinco temporadas, la masturbación y la inmediatez de las redes sociales suplieron, en cuestión de pocos meses, el valor reforzante de una interacción humana real. En última instancia verbalizó: «Creo que soy una persona poco sociable», es decir, ya no se trataba de un cambio de hábitos en su estilo de vida, sino del hallazgo de lo que él considera su «verdadera naturaleza».

A simple vista, podríamos considerar que aquello que experimenta Manu no es, *a priori*, un problema; es decir, ¿le hace daño a alguien?, en apariencia no parece que lo haga. ¿Se siente cómodo estando solo?, según lo que cuenta, así es. ¿Experimenta satisfacción al realizar esta conducta?, todo indica que sí. Sin embargo, estas preguntas responden a consecuentes, no a consecuencias. La diferencia entre estos dos términos es sencilla: «consecuente» es el efecto inmediato que brinda la realización de una conducta; «consecuencia», el efecto largoplacista. De modo que una pregunta verdaderamente interesante —en tanto que aspira a predecir el futuro de Manu— sería: ¿Qué consecuencias a largo plazo puede suponer para Manu el mantenimiento de estos hábitos en su vida, pese al confort que le brinda a corto plazo?

Es aquí donde me gustaría que tú, estimado lector, valoraras posibles consecuencias de esa soledad que ahora parece ser un dulce para Manu.

Para favorecer tu reflexión, aquí te dejo unas cuantas preguntas:

—¿*Somos* seres asociales?

—¿Qué puede tener de adictivo la soledad?

—¿Qué cosas aportan las redes sociales frente a las que aporta un ser humano?, ¿cuáles son sus limitaciones?

—¿Cuesta más o menos volver a interactuar con un grupo de personas después de pasar un tiempo bajo condiciones de confort estando solo?

—¿Son la masturbación y las relaciones de intimidad mutuamente excluyentes?

—¿Qué ocurre con la vida del círculo social de Manu?, ¿se detiene?

—¿Qué ocurre con el significado de esas relaciones?, ¿se mantiene intacto?

—¿Qué efecto tiene verbalizar «Yo soy así» frente a «Estoy atravesando una etapa así»? ¿Cambia el comportamiento en función de una u otra verbalización?

—¿Puede convertirse en un problema para Manu lo que ahora no parece serlo?

2.3. ¿CÓMO SE DISFRAZA LA DEPRESIÓN?

Si acudimos al DSM —manual que podemos considerar la sagrada Biblia de un buen porcentaje de psicólogos (a mí no me pasa)—, encontraremos una serie de criterios o síntomas que agilizan el diagnóstico de aquel profesional de la salud mental que se vea presionado por un consultante —al que llamaremos Pepito— que precise ese diagnóstico para conseguir la baja médica en un trabajo que le sobreexplota, por ejemplo.

Atendiendo a ello, el trabajo del terapeuta es sencillito: hace un doble *check* en cada síntoma que experimenta Pepito y que se corresponda con lo que la sagrada Biblia refiere y, en consonancia con un psiquiatra, acordarán un fármaco procedente de la misma industria que subvenciona el propio DSM. A partir de ese momento, Pepito tiene dos opciones: o bien reanuda sus labores en el trabajo esclavizante bajo condiciones de sedación o bien hiberna en su habitación, convencido de que «algo en él está roto». Al fin y al cabo, la depresión la tiene él, ¿no? Mejor apartarse de su contexto y no amargarle un dulce a nadie o, lo que es peor, contagiar su depresión. Pepito acaba adquiriendo una maestría en cuanto a la topografía de su conducta. Sabe que si experimenta anhedonia es porque tiene depresión; que si aparecen pensamientos catastrofistas, son la voz de su depresión; que su aislamiento social es su depresión poseyendo a su cuerpo, hasta llegar un punto en que Pepito pasa de ser «persona» a ser «persona depresiva», una categoría en que la segunda inhibe a la primera. Por supuesto, esto no se queda aquí. No solamente Pepito tiene algo que decir respecto al mantenimiento de su conducta depresiva, sino que su entorno es el principal protagonista de esta historia, ya que: «Mejor no lo molestes, porque tiene depresión», «Siempre has tenido una personalidad un tanto depresiva» o «No te preocupes, ya te caliento yo la comida, te baño, te lavo los dientes y te aliño la ensalada, porque con tu estado…». En otras palabras, con nuestras mejores intenciones —un poco patosas, eso sí— hacemos de Pepito y su bajo estado de ánimo persistente un *enfermo*; le *adjudicamos* —en otras palabras— un rol social del que a duras penas el propio *enfermo* podrá salir. E igual que ocurre con el fumador, «siempre serás depresivo, aunque puntualmente no tengas depresión».

2.4. MÁS ALLÁ DEL DISFRAZ... ¿PARA QUÉ NOS DEPRIMIMOS?

No estoy del todo convencido de que la conducta depresiva sea, en realidad, una conducta, sino más bien una reducción de conducta. Piénsalo conmigo un momento. Si ante un estado de ánimo óptimo la persona se desenvuelve con relativa facilidad dentro de su mundo circundante, disfruta de actividades e interacciones sociales, goza de una amplia gama de pensamientos que abarcan desde los más catastrofistas a los más optimista-pedantes y tiene apetito por las cosas —incluida la propia vida—, en esencia estamos hablando de una persona que se mueve, se desplaza de un lugar a otro; una persona que *hace*. En cambio, al contemplar cómo se manifiesta la respuesta depresiva, vemos a una persona que plantea una creciente dificultad en su desenvolvimiento social, un discurso encubierto —pensamientos— que tiende al fatalismo y una ausencia —no presencia— de apetito, ya sea nutritivo, sexual o vital. En otras palabras, no estamos hablando de alguien comportándose, sino de alguien comportándose... menos.

Vayamos ahora un pasito más allá, sin abandonar el disfraz de la depresión. Contemplemos su función. Si ahora mismo tú y yo saliéramos a la calle y realizáramos una encuesta de un solo ítem a todos aquellos que nos encontráramos por el camino, y la pregunta fuera: «¿Para qué se deprime la gente ?», encontraríamos toda una gama de respuestas:

- **«¡Porque no tienen fuerza de voluntad!»**, afirmará el hombre blanco heteronormativo de clase social alta e inscrito desde hace un par de meses en el *gym*, el cual se pilla en sus vacaciones una casita en las Maldivas para desconectar de los problemas del primer mundo.

- «Porque es muy sensible», verbalizará la mujer ama de casa con tres hijos, dos de los cuales a duras penas colaboran con las tareas del hogar y la mayor parte del tiempo se rascan los huevos delante de la videoconsola mientras el tercero —la hija— se desvive en su carrera universitaria.

- «Porque tiene muchos pensamientos negativos», decretará el místico del pueblo, quien, con la herencia de sus padres ha decidido invertir en crear una editorial de libros de autoayuda porque ha visto que es un género que está pegando fuerte en estos tiempos New Age y que responsabilizar al universo de nuestros comportamientos... *ni tan mal*.

- «Porque no sabe relacionarse socialmente», reconoce la adolescente con un amplio círculo de amigas y habilidades comunicativas entrenadas desde casa, al tener una madre que divulga en las redes.

- «Porque no se ama a sí misma», confiesa la mujer soltera que, tras dejar una relación disfuncional de diez años, no ha dejado de repetirse al espejo: «Te amo, te amo, te amo» y, cosas de la vida, al cabo de tres años volvió a encontrar el amor —casualidad que ella entiende por causalidad.

Sin saberlo, ninguno de ellos ha respondido realmente a nuestra pregunta. Hemos preguntado sobre el «para qué» de la conducta depresiva, no el «por qué» de la misma. ¿Cuál es la diferencia entre ambas? El «por qué» solo puede abarcar descripciones con las que la propia conducta depresiva ya cuenta de partida y que el público encuestado entiende como *solución* del problema. Es, por así decirlo, un círculo vicioso. Cuando tengas fuerza de voluntad, pienses en positivo, te relaciones más y te ames a ti mismo, dejarás de tener depresión. Ya… bueno… es que el comportamiento depresivo es precisamente no tener fuerza de voluntad, que prevalezcan pensamientos con contenido aversivo, aislarte socialmente y amarte… Bueno, lo de amarte no tiene nada que ver, pero la gente improvisa.

A diferencia del «por qué», el «para qué» vuelca el interés, la atención y el foco de estudio de la conducta depresiva en causas interactivas del organismo y su entorno circundante, en vez de volcarlo en causas presuntamente internas del organismo.

En el caso de Pepito —que precisa de su psiquiatra una baja médica para dejar de exponerse a condiciones laborales de sobrexplotación—, pensar en positivo o amarse mucho tiene poco que hacer en la ecuación. Cambiar de trabajo, sí. «Ya, Dariel, pero no todo el mundo lo tiene tan fácil para dejar un trabajo que te paga el alquiler…». En efecto, no todo el mundo puede, y es ahí donde aparecen frente al sujeto que vivencia un malestar significativo toda una gama de herramientas, basadas en la automotivación, el amor propio y el pensamiento mágico con función sedante. Este, por ejemplo, es el «para qué» de la autoayuda. Mientras lo sepamos, podemos leernos todas las paridas pseudocientíficas que queramos, siempre que reconozcamos que estamos priorizando el hecho de llegar a fin de mes; en tal caso, lo que me brindan estas paridas es un escape de la realidad que no estoy dispuesto a asumir. Otra cosa es estar convencido de que el contenido de estas lecturas es verídico y que el universo *conspira a mi favor* —aunque parezca conspirar en contra de otros millones de personas que se mueren de hambre.

Teniendo en cuenta las variables —presumiblemente aversivas— presentes en ese individuo sobreexplotado, ahora podemos volver a la pregunta inicial: ¿Para qué se deprime?, ¿cuál es la función del comportamiento depresivo de Pepito? Preguntémoselo a él mismo:

—¡Hola, Pepito! —lo saludamos con una tonalidad entusiasta que, de algún modo, hace sentir a Pepito incómodo porque él no se halla en esa misma *vibra*—. ¿Cómo estás?

—Bueno... tirando... —contesta Pepito, con actitud cabizbaja.

—Antes que nada, queremos agradecerte que nos hayas concedido esta entrevista para desmentir los tópicos sobre la respuesta depresiva que hemos encontrado en la calle.

—Ya, bueno... es algo que difícilmente podemos cambiar. La gente nos ve como personas que no sabemos hacer otra cosa salvo «hacernos la víctima» —contesta Pepito, con los ojos acuosos, resistiéndose al llanto.

—¿Dirías que escuchar este tipo de verbalizaciones en los demás ayuda en algo a que te sientas mejor?

—Para nada... al contrario, me hacen sentir más culpa de la que ya siento de partida.

(NOTA: es interesante advertir que las personas que experimentan un sentimiento de culpa lo reconocen como tal, un sentimiento, pero... ¿realmente «se siente» culpa?, ¿o es que «se piensa» de manera culpabilizadora y el resultado es malestar?).

—¿De qué te sientes culpable, Pepito?

—Me siento culpable por no ser capaz de levantarme de la cama e irme a trabajar. Me siento inútil, inservible, sin ninguna fuerza de voluntad.

(NOTA: he aquí la creencia raíz o regla verbal del discurso encubierto de Pepito que le produce malestar: no ser «útil» en términos de productividad).

—Y al sentir todo eso, ¿qué haces para intentar sentirte un poquito mejor?

—No hago nada... simplemente dejo que vayan pasando las horas o bien me pongo algo de música emo o alguna película dramática para evitar pensar en lo inútil que soy.

—¿Y qué sientes cuando te pones música emo o ves una película dramática?

—En cierto modo... me siento acompañado, como si no estuviera solo y hubiera más personas en el mundo pasándolo mal como yo.

(NOTA: pese a que acudir a estos estímulos mantiene el bajo estado de ánimo de Pepito a medio-largo plazo, en cierto modo lo alivia en tanto que algo o alguien está validando su malestar a corto plazo. De nuevo, la diferencia entre consecuente y consecuencia).

—¿Te gustaría que alguien, más allá de una *playlist* o una película, validara el malestar que sientes, Pepito?

Pepito rompe a llorar.

—Sí..., me gustaría mucho... Me siento solo porque nadie puede comprender lo que me pasa. Todo el mundo vive una vida feliz.

(NOTA: pese a que la evidencia de Pepito respalde esta verbalización, expresar que «nadie» comprende lo que le pasa y que «todos» son felices es un pensamiento polarizado basado en el todo o nada, el blanco o negro, un estilo cognitivo bastante ocurrente en la conducta depresiva).

—¿Es quizá esta la razón por la que decides quedarte en casa?

—Una parte sí... No quiero ser una carga para nadie. Si ahora me imaginara a mí mismo saliendo de casa, lo que veo es un montón de gente que se siente productiva y autorrealizada con lo que hace; personas felices. Yo, en cambio, sería el patito feo, aquel que lo ve todo gris.

—¿Y la otra parte?

—¿Cómo dices?

—Dices que una parte de optar por quedarte en casa es anticipar que los demás estarán viviendo felizmente su vida, lo cual te hará sentir aún peor. ¿Y la otra parte?

—Bueno... la otra parte es el esfuerzo que supone para mí en estos momentos relacionarme con esas personas. Que me pregunten por cómo estoy o cómo me siento, me den consejos de autoayuda para salir del pozo en el que me encuentro o directamente esquiven mis temas de conversación porque no saben cómo relacionarse conmigo desde mi malestar.

—En cambio, quedarte en casa, con la mantita, la taza de café y la tele... ¿qué te produce?

—Confort y placer. ¿Sabes lo fácil que es darle al

botón del mando de la tele y dejar que pasen las horas?

—Y cuando ves la tele… ¿piensas en algo?

—No mucho. Me entretengo con facilidad. Cuando empiezo a rumiar es cuando no tengo gran cosa que hacer. El silencio y la noche, esos son los dos factores que hacen que mis monstruos despierten.

—Te entiendo perfectamente, Pepito.

—¿Sí?

—Sí, te entiendo y, créeme, he aprendido mucho de ti con esta conversación. Gracias por concederme esta entrevista.

—Ah… vale…, pero… ¿ya te vas? —expresa con cierto tartamudeo en sus palabras y los ojos acuosos nuevamente, como quien quiere continuar un diálogo basado en la ausencia de juicios de valor.

Ahora podemos volcarnos en la función de la conducta depresiva de Pepito, es decir, en su «para qué». La respuesta del entrevistado es depresiva en función de un mundo disonante a su bajo estado anímico, que requiere por su parte un coste de respuesta a la hora de interactuar con ese mundo. Ante la anticipación de consecuencias fatalistas como que le pregunten por su bienestar, le den consejos o esquiven su malestar —o lo que es lo mismo, no lo escuchen—, Pepito opta por la tranquilidad —en este caso, se define la palabra «tranquilidad» como la ausencia de elementos estresores circundantes— y la rumia, una estrategia que, pese al malestar que provoca a medio-largo plazo, aspira a corto plazo a hallar respuestas a las preguntas filosóficas que Pepito se hace cuando rumia, tales como: «¿Qué me sucede?», «¿tiene sentido mi vida?», «¿cuál es mi propósito?» y otras verbalizaciones que aspiran a que Pepito tenga una falsa sensación de control sobre aquello que le ocurre. ¿El problema? Que son preguntas cuyas respuestas son más preguntas por resolver: «¿Por qué me pasa lo que me pasa?», «¿qué es la vida y cuál es el sentido?», «¿existe un propósito?». En otras palabras, hablamos de un laberinto infinito de fácil acceso y tortuosa salida.

2.5. ¿TE FALTA ECHARLE GANAS?

Muy probablemente hayas escuchado con anterioridad la frase «Échale ganas» cuando alguien identifica en ti un bajo estado de ánimo, malestar o cualquier otra respuesta emocional que «se traduzca» —en un mundo capitalista basado en la productividad y la sensación de utilidad— en que no estás haciendo nada. También es probable que, en muchas de esas ocasiones, la persona que te aborda con tales consejos lo haga desde el aprecio que te tiene e incluso que, de todo su repertorio comportamental, decirte «Échale ganas» sea la respuesta más empática con la que cuenta. Pese a todo, las verbalizaciones de este tipo te ayudan para una puta mierda. Y, de ser así, ¿por qué sigue ocurriendo?, ¿*para qué* insiste tu círculo social en ofrecerte eslóganes Mister Wonderful, pese a que su consecuencia sea el mantenimiento de tu malestar? Para ellos mismos.

En mi experiencia clínica he descubierto que muchos de los consultantes que acuden a terapia en pro de herramientas para lidiar con problemas en su vida se ven a sí mismos como «juguetes rotos», como si *algo* que ni siquiera saben describir anduviera mal en ellos *versus la perfección* del mundo —especialmente si la fuente fiable de referencia son posts de Instagram en los que, aparentemente, todo el mundo está *happy*—. Estos consultantes esperan, por ende, que la terapia les sirva para «ser arreglados». Poco a poco, no obstante, empiezan a expresarle a su psicólogo —de resultas de una alianza terapéutica bien asentada— múltiples experiencias en las que no se han sentido validados, escuchados o acompañados, ya sea por la familia, los amigos o el entorno social. En algunos casos incluso acuden bajo la demanda de: «Los demás dicen que esto es un problema». Cuando el profesional de la salud mental se limita sencillamente a escucharlos, sin emitir juicios de valor en la evaluación de la conducta-problema y aceptando al consultante tal y como es, tal y como se expresa, siente o piensa, es el propio cliente quien se siente extrañado de que su terapeuta no quiera «cambiarlo» o, a lo sumo, le brinde consejos moti-

vacacionales con efecto cortoplacista. Esta sensación de extrañeza es lo que, presumiblemente, discrimina en ellos verbalizaciones tales como: «Lo que digo es una tontería, ¿verdad?», «Lo sé… problemas del primer mundo», «Soy un caso perdido, ¿a que sí?» y otras perlitas invalidantes que me crean serias dudas: ¿serán innatas en el razonamiento de estos consultantes o bien responderán a lo que han escuchado toda su vida cuando han querido expresarle a alguien una emoción o malestar que a ojos de ese alguien y de su entorno es una forma más de victimismo y de no «coger el toro por los cuernos»; o sea, de tragar?

Y luego nos sorprendemos cuando las investigaciones sugieren que un porcentaje significativo de la eficacia de una terapia estriba en la relación terapéutica en sí misma, es decir, en la clase de vínculo que el cliente logra establecer con su terapeuta —posiblemente, dispar a cualquier otro vínculo de dicho consultante—, que se basa en la escucha y comprensión empática exenta de ataques, reproches o frases tipo: «Opino que»; este tipo de vínculo sienta las bases de la aplicación de herramientas y técnicas que favorezcan el cumplimiento de sus objetivos y su crecimiento personal. Quizá, en un mundo utópico donde la escucha, el interés, la validación y el acompañamiento fueran asignaturas transversales en la formación académica —y personal— de un individuo, los problemas psicológicos dejarían de «pertenecer» al singular concreto y pasarían a ser problemas de toda una comunidad. La puesta en marcha de estrategias resolutivas del conflicto por parte de esa comunidad —en vez de la señalización de «Ese de ahí que está malito de la conducta»— haría de los problemas de conducta lo que, en esencia, son: un problema en la interacción.

Traducido al lenguaje coloquial, no es Pepito quien necesita «echarle ganas»; es su entorno quien necesita «echarle ganas» al acompañamiento efectivo respecto del malestar de Pepito para que este empiece a «tener ganas de echarle ganas» —valga la redundancia— sin que esto implique necesariamente la simpatía del entorno respecto a los síntomas que experimenta Pepito. Basta con ser empáticos con su sufrimiento. De la resolución de ese sufrimiento ya se ocupará su psicólogo.

2.6. DE RESPUESTA DEPRESIVA A ROL DEPRESIVO

Laura tiene veintidós años y es estudiante de tercer año de la carrera de Medicina. Es hija única de una madre cirujana de columna y un padre cardiólogo. Desde que tiene uso de razón, ambos le han exigido la excelencia académica, con verbalizaciones tales como: «Sacar un ocho es de mediocres y tú puedes aspirar al diez». No hay que ser un lumbreras para advertir que el producto de esta verbalización es una regla verbal en Laura: «Si no saco un diez, entonces soy mediocre, y si soy mediocre, defraudo a mis padres». Hace un año, no obstante, Laura se ha mudado con su novio, Andrés, a quien conoció en la universidad, lo cual parece distanciarla —a priori— de la insidiosa exigencia académica de sus padres. A diferencia de Andrés, Laura necesita horas de estudio para obtener el rendimiento académico que sus padres esperan de ella. Andrés, en cambio, con tan solo acudir a las clases comprende el temario y saca sobresalientes en los exámenes. Ahora, a la expectativa del rendimiento se le suma la sensación de competitividad. Hasta no

hace mucho, Laura era capaz de concentrarse a la hora de hincar los codos y ponerse a estudiar, pero desde hace un par de meses su mente divaga entre los *reels* de Instagram y pensamientos con contenido catastrofista. Debido a ello, no logra avanzar en sus estudios. Esto le está suponiendo a Laura una dificultad severa para conciliar el sueño, y cuando consigue dormir, son recurrentes las pesadillas en las que su profesora le entrega un examen suspendido. Por otro lado, casi todo el día tiene ganas de llorar y no sabe por qué. Actualmente, apenas tiene fuerzas para levantarse de la cama por las mañanas. Al principio, su pareja presuponía que esta conducta se debía a la pereza, pero conforme se repetía sistemáticamente empezó a estar un poco preocupado por ella. Hoy, Laura ha acudido a su tercera sesión con el psicólogo. Ha sido una sesión dura para ella. Su terapeuta le ha diagnosticado Trastorno de depresión mayor, algo que ya intuía ella como la explicación de su malestar. Su novio, Andrés, ha recibido la noticia con mucho remordimiento. Piensa que de haber tenido un poco más de responsabilidad afectiva y escucharla cuando se sentía triste, en lugar de distraerse con la Champions League y una lata de cerveza, quizá Laura se habría sentido escuchada; o que de haber mostrado algo de empatía frente a la constante verbalización que emitía a Laura cada vez que la veía llorar —«Tienes que dejar de hacerte la víctima»—, quizá ella se habría sentido cuidada y validada. Para compensar su pésima estrategia de acompañamiento emocional —porque, sí, es pésima—, Andrés decide volcarse en Laura como nunca antes lo había hecho. Los padres de Laura, por su parte, rebajan sus expectativas académicas para con su hija, expresándole: «Lo importante es tu salud, hija, no pasa nada si no puedes dar el cien por cien, al menos por ahora». Además, los compañeros de la universidad le pasan los apuntes, subrayando las partes que, muy probablemente, saldrán en el examen final. En pocas palabras, un diagnóstico psicopatológico ha supuesto que el mundo de Laura se amolde, por vez primera, a ella.

Un año después del diagnóstico emitido por su psicólogo, Laura va de mal en peor. Ha dejado la carrera, no sale de casa, a duras penas se levanta de la cama, se asea, se arregla o hace algún plan con los amigos. Andrés ya no sabe qué hacer, salvo aprovechar el máximo de tiempo para estar con ella, cocinarle, cuidarla y poner a su disposición las habilidades comunicativas y empáticas que nunca antes había precisado poner en marcha por nadie. Sus padres le envían tápers todas las semanas, destinan una porción de su salario a pagarle el alquiler del piso —anteriormente, Laura trabajaba puntualmente de camarera para costearse a medias con su pareja el piso y algún que otro capricho— y se conforman con que al menos su hija se sienta protegida, fenómeno que nunca antes había ocurrido en términos de paternidad. Los amigos de Laura, por su parte, se han cansado de «su actitud» y, por ende, han tomado distancia, de modo que ya no existe una excusa para salir de casa. Lo que *a priori* era una respuesta depresiva, ahora es un rol social: «Laura, la chica depresiva».

Lo que antes suponía un malestar por tener que satisfacer las expectativas de otros, ahora es un estado depresivo persistente que hace que otros satisfagan sus expectativas. La reducción de su comportamiento lo es en función de variables contextuales que han favorecido su aparición y de las que Laura obtiene un beneficio cortoplacista, pese a que a largo plazo prevalezca su bajo estado de ánimo. ¿Diríamos entonces que la depresión está *dentro* de Laura?

No. Diremos que la depresión está en *la interacción* entre Laura y un entorno que, sin ser consciente de ello, refuerza esta respuesta.

3
¿QUÉ ES LA ANSIEDAD?

3.1. INTRODUCCIÓN: LA RESPUESTA ANSIÓGENA

Hablemos de la ansiedad. Sí, hablemos de ella, ya que te gusta alardear de tus sueños, pero muy poco de los problemas que tienes para dormir. De vez en cuando te falta la respiración. Lo sé porque te oigo al otro lado de la pared. Eso es síntoma de que necesitas frenar, pero ¿cómo vas a frenar en mitad de la autopista?, ¿cómo vas a detener tu coche en seco, si los vehículos que tienes alrededor han aprendido que vivir significa estar en movimiento 24/7? Si te pararas a sentir, en lugar de pararte a pensar sobre tu sentir, te darías cuenta de que tu conducta ansiógena responde a una sola cosa: tu disonancia entre la necesidad de echar el freno y la obligación de seguir conduciendo porque los demás lo hacen, y si tú no conduces, no produces. Para la sociedad en la que vives, estar sano mentalmente significa seguir malgastando gasolina sin hacerte muchas preguntas, o sea, que tu vehículo siga en marcha. Te han mentido todo este tiempo, haciéndote creer que algo va mal en ti; que estás enfermo. La enfermedad es el sistema al que perteneces. Tú solo eres la expresión de esa enfermedad: su síntoma, un síntoma que hay que erradicar como sea, a base de ansiolíticos. Y lo peor es que te han convencido, porque... te has tomado la pasti.

Verbalizaciones tales como «Soy una persona muy ansiosa» no son inofensivas. La persona que lo expresa considera, en primer lugar, que la ansiedad es una condición de su identidad, un rasgo y, por ende, algo de lo que no se puede deshacer; un lastre. Además, no solo se contenta con definirse como «ansiosa», sino que añade un «muy» al adjetivo, es decir, que si existen personas que gocen de la misma presunta condición… ella, más. Lamentablemente, este no es el peor de los males. La narrativa que los seres humanos nos comunicamos respecto a los síntomas de malestar experimentados en un momento dado condicionan la propia sintomatología. No es lo mismo expresar: «Este estímulo ha producido en mí una respuesta de ansiedad» —lo cual puede solventarse con la intervención psicológica pertinente hasta contracondicionar el estímulo en cuestión—, que afirmar: «Como soy ansioso, este estímulo me produce ansiedad» —caso en el que ninguna intervención psicológica podrá hacer nada, porque: «Es que yo soy así»—. La hipervigilancia que desarrolla el individuo como estrategia de supervivencia en la segunda narrativa respecto de su presunta naturaleza ansiógena condiciona un hecho: que todo cause ansiedad. En este capítulo quiero compartir contigo una visión evolutiva de la respuesta de ansiedad; es decir, por qué y para qué los seres humanos llegamos a experimentar una respuesta de activación fisiológica ante determinadas condiciones ambientales, lo cual, desafortunadamente para ti —y afortunadamente para la especie a la que perteneces—, te resta exclusividad.

3.2. LA METÁFORA DEL LEÓN HAMBRIENTO

Si ahora mismo chasqueara los dedos y aparecieras en una selva, en mitad de la noche, y justo frente a ti hubiera la silueta del cuerpo de un león con agitada y ronca respiración, y ese cuerpo se te acercara paulatina y sibilinamente, tu cuerpo respondería automáticamente. ¿Cómo respondería? En primer lugar, lo más probable es que tu ritmo cardiaco se acelerara y te sintieras «como si el corazón se te saliera por la boca». Acto seguido, palparías una sudoración y un hormigueo sin igual en la palma de las manos, una respiración agitada y poca o nula actividad mental en términos de planteamiento de hipótesis: «¿Qué será?, ¿un león?, ¿será amigable conmigo?». En ese instante, todo tu organismo se estaría preparando para dos posibles estrategias, a saber: luchar o huir. Parece bastante obvio que estas dos respuestas automáticas responden a algo: tu supervivencia.

De modo que ir acompañado de tu psicólogo en ese contexto, y que él te repitiera: «Respira profundamente», «todo está bien», «date cuenta de que todo está en tu cabeza» sería un acompañamiento disfuncional, ya que garantizaría tu muerte. Tu respuesta de ansiedad, bajo tales condiciones, es completamente adaptativa, pese al malestar que experimentes. (Nótese y acentúese el «pese a», en la medida que no todo malestar puntualmente vivenciado constituye, en sí mismo, algo digno de ser modificado, extraído o extinguido).

No obstante, la cosa empieza a torcerse cuando, en ausencia de un contexto selvático, sigues experimentando los síntomas propios de ansiedad como si estuvieras rodeado de leones. Como analistas de conducta, en tal caso debemos preguntarnos: ¿Qué variables interfieren ahora en el mantenimiento de

esta respuesta ansiógena, si no hay un león frente a ti? Pongamos que soy tu terapeuta y tenemos una primera entrevista evaluativa de tu respuesta de ansiedad:

—La verdad, no lo sé. Solo sé que el mero hecho de imaginarme salir de casa me lleva a experimentar los mismos síntomas que has descrito: me sudan las manos, se me acelera el corazón, me tiembla el cuerpo, noto un hormigueo en brazos y piernas, se me nubla la visión...

—¿Y qué es lo que te imaginas cuando sales de casa?, ¿qué es lo que anticipas?

—Pues que nada más atravesar la puerta me encontraré con un león feroz salivando, de mirada penetrante y en posición de caza.

—Debe de ser muy angustiante para ti imaginar ese escenario...

—Es horrible. Literalmente, me quedo petrificado en la puerta y no soy capaz de girar el pomo.

—¿Qué haces en su lugar?

—Me quedo en casa, con la mantita, la tele y un *chai tea latte*.

—¿Y eso cómo te hace sentir?

—Muy aliviado... de algún modo, «siento» que el león sigue al otro lado de la puerta, pero, bueno, lo tiene complicado para atravesarla, ¿no?

—¿Qué hace tu círculo social bajo esas circunstancias?

—Al principio me dicen que no va a pasarme nada, que no hay ningún león. Pero al ver lo mucho que me afecta ponerme delante de la puerta, me dejan en paz. Desde hace un par de meses, mis amigos son los que vienen a casa a hacerme compañía.

—¿Hay alguna excepción en tu comportamiento?

—¿A qué te refieres?

—¿Alguna vez has logrado salir de casa, pese al miedo que sientes?

—Solo en una ocasión lo conseguí. Mi novia regresaba de su viaje a Japón y no tenía dinero para pillar un taxi. Me armé de valor y salí corriendo al aparcamiento a por el coche.

—¿Viste algún león?

—No. La verdad es que estaba todo bastante despejado, así que fui a recogerla, la llevé a su casa y volví a la mía. Cuando aparqué, oí un ruido fuerte y me encerré en el coche durante tres horas.

—¿Qué sentiste entonces?

—Lo mismo de siempre. Sudor frío, taquicardia, respiración agitada... De repente ya no me preocupaba tanto el león como el hecho de que podía darme un paro cardiaco en cualquier momento. Conforme más prestaba atención a los síntomas, más los sentía. Era horrible. No podía dejar de llorar.

—¿Te decías algo en ese momento?

—Sí. Me repetía: «Me voy a morir, me voy a morir, me voy a morir...».

—¿Y cómo lograste salir del coche y llegar a casa?

—Tuvo que venir mi padre a recogerme.

—¿Y desde entonces... no has vuelto a salir de casa?

—Que estemos haciendo terapia online es la evidencia.

Este texto ilustra un buen porcentaje de variables implícitas en el mantenimiento de la respuesta de ansiedad en un organismo; sin embargo, no me cabe la menor duda de que habrá muchas más en función de cada caso y contexto. Básicamente, todos tenemos un león, maquillado de muchos nombres y con gran diversidad de sintomatología resultante, pero la función de nuestra conducta en presencia de ese presunto león es la misma: escapar.

A continuación, se describen una a una las variables identificadas:

Reglas verbales de anticipación

En otras palabras, «Si salgo por la puerta, me encontraré con el león». La persona no siempre articula manifiestamente estas reglas, de hecho, la mayor parte de las veces se expresan de forma encubierta, ya sea visualizándose a uno mismo atravesando la puerta y siendo devorado por el presunto león, ya sea mediante un «presentimiento»…, pero en cualquiera de los casos, la anticipación de una consecuencia catastrófica y fatalista si se sale por la puerta refleja esta regla verbal.

Discurso encubierto

Para una persona no tiene el mismo efecto verbalizar: «Tengo ganas de tomarme un helado», que expresar: «Tengo ganas de tomarme un helado de chocolate belga con pepitas de frambuesa ligeramente ácidas y un exquisito sirope de caramelo caliente embadurnado sobre su superficie, que se deshace suavemente sobre mi paladar». En la segunda de las narrativas, la probabilidad de emisión de una respuesta de salivación es mayor. Del mismo modo, no produce el mismo tipo de respuesta en el organismo expresar: «Al otro lado de la puerta hay un león», que verbalizar: «Al otro lado hay un león feroz, con dientes afilados, unos ojos amarillentos flameantes y amenazantes, con postura de caza y las garras bien afiladas, dispuestas a despedazarme». En la segunda de ambas narrativas, la probabilidad de emisión de una respuesta ansiógena elevada es también mayor.

Respuesta operante

Desde el análisis de la conducta entendemos por «respuesta operante»: «Toda conducta que ejecuta el individuo en pro de modificar el ambiente, extrayendo un beneficio para su supervivencia de tal modificación». En ese sentido, el niño que llora al caerse —aun no experimentando dolor fisiológico— y cuyo llanto va sistemáticamente seguido de que su madre le regale un chupa-chups aprende a servirse del llanto como respuesta operante para obtener el chupa-chups.

En el ejemplo del texto, el individuo con una activación fisiológica desmedida, producto de un discurso encubierto anticipatorio catastrofista —no el del león, que no existe en ese contexto—, se sirve de una estrategia o respuesta operante en pro de la obtención de alivio del malestar que le supondría atravesar la puerta: quedarse en casa.

Sensaciones *versus* conducta verbal encubierta

Pese a hallarse resguardado en su casa, la conducta verbal encubierta y reiterativa del individuo —comúnmente llamada «rumia»— sigue focalizándose en el presunto león al otro lado de la puerta. Sin embargo, el paciente lo identifica como un *sentimiento* o una *sensación*, no como lo que es: un pensamiento. El sujeto en cuestión no *siente* que haya un león al otro lado de la puerta; lo piensa. Lo que siente es la ansiedad resultante de ese evento rumiativo.

El refuerzo del entorno

El hecho de que sus amigos aboquen por ir a su casa y amoldarse al cómputo de estrategias de control que este sujeto ha aprendido a ejecutar para evitar exponerse no supone un cambio conductual en el sujeto en cuestión, sino que conlleva la continuidad de su conducta, ahora ya no solo debido a su propia respuesta operante, sino motivada por lo que su círculo social hace al respecto de tal conducta: adaptarse a ella.

Condicionamiento clásico

La verbalización «Oí un ruido fuerte y me encerré» no debería pasar desapercibida. Hablamos de un mecanismo de aprendizaje: el condicionamiento clásico, es decir, el sujeto identifica un estímulo que hasta entonces —y en base a su historia previa de aprendizaje— no generaba ninguna respuesta de temor —un ruido cualquiera—, pero que ahora empareja con el estímulo temido: el león. El organismo, por ende, emite indistintamente una misma respuesta para ambos: escape/huida. De ahí que se encierre en el coche. (Nótese el valor de supervivencia que cumpliría *a priori* para el organismo este aprendizaje si el ruido no fuese el motor de un coche sino, efectivamente, un león).

Condicionamiento interoceptivo

«Conforme más prestaba atención a los síntomas más los sentía; era horrible» es un claro ejemplo de lo que ocurre en un fenómeno conocido como «ataque de pánico». La persona no solamente identifica los síntomas ansiógenos que está experimentando, sino que además se focaliza en ellos. Por ponerte un ejemplo, si ahora mismo te hicieras una herida en la mano pero te focalizaras en terminar tu tesis doctoral, la cual tienes que entregar dentro de veinticuatro horas, la percepción de los síntomas de dicha herida —escozor, dolor…— pasarían a un segundo plano. Por el lado contrario, si la presentación de tu tesis fuera dentro de un mes y, en este caso, solo atendieras a los síntomas de la herida que te acabaras de hacer, no solamente te verías privado de la concentración que requiere tu tesis doctoral, también percibirías e identificarías como *insoportable* ese escozor. En otras palabras, se intensificaría la percepción de los síntomas. Como producto de esa percepción intensificada de los síntomas, no sería en absoluto disparatado —al menos para ti— expresar: «¡Me quedo sin mano, me quedo sin mano, me quedo sin mano!», una verbalización que, a su vez, incrementaría tu respuesta de ansiedad ante la herida en la mano y, por ende, la vivencia del dolor.

3.3. ¿ERES ANSIOSO O TIENES ANSIEDAD?

¿Cómo sería mi carta de presentación si alguien me preguntara quién soy yo?

Bueno, muy posiblemente mi discurso comenzaría por: «Me llamo Dariel, soy psicólogo analista de conducta, actor y

divulgador científico». Si se quisieran conocer más datos sobre mi persona con independencia de aquello a lo que me dedico, acudiría a los gustos o aficiones que suelo tener, afirmando: «Me gusta dar largos paseos, meditar de vez en cuando, leer a Skinner, pasar tiempo de calidad con mis amigos y chinchar de vez en cuando a mi gata».

En otras palabras, para definir mi identidad he acudido, en primer lugar, a mi nombre, seguido de mi ejercicio profesional y, finalmente, de mis gustos. Otras condiciones sobre mi persona, tales como mi color de piel, tipo de sangre, estatura o país originario son también definitorias de mi persona, algunas de ellas incluso dicen algo de mi forma de comportarme dentro del mundo. ¿Qué quiere decir esto?, que mi estatura, por ejemplo, me impediría el acceso a un parque de atracciones para niños cuyo límite de altura fuera de 1,10 metros o que mi negritud puede disponerme a ser conocedor de la historia de la etnia a la cual pertenezco —además de mi propia historia de aprendizaje— y que con relativa facilidad puedo identificar experiencias de racismo —explícito o encubierto— hacia mi persona, pese a que muchos otros —probablemente pertenecientes a una etnia distinta a la mía y cuya historia de aprendizaje excuse su discrepancia— verbalicen que en el siglo XXI el racismo ya no existe. Imaginemos ahora que, además de las variables comentadas, considerara que la ansiedad es una condición más de mi persona, es decir, un rasgo. ¿Qué supondría?, que, igual que mi color de piel, tipo de sangre o estatura, la ansiedad sería transversal en todas las áreas de mi vida. Me consideraría una persona *ansiosa* en el trabajo, en la universidad, con los amigos, en mis relaciones sexoafectivas, en casa, en mi relación materno o paternofilial, con mi gata… Vamos, sería una ansiedad con patas. Y, ahora, yo te pregunto: ¿Tendría sentido evolutivo que esto fuese así?, ¿sería capaz de aprender, cambiar o crecer a partir de mi experiencia de vida si realmente *soy ansioso* 24/7?, ¿para qué existiría un ambiente circundante en primer lugar si, pasara lo que pasase, yo respondiera con ansiedad ante él?

Una alternativa —la respaldada por la ciencia— es entender la ansiedad dentro del contexto en el que aparece o, lo que es lo mismo, como una respuesta emitida por un organismo ante la presencia de un estímulo presumiblemente peligroso o perjudicial para su supervivencia. En este sentido, en lugar de *ser* una persona ansiosa, respondo de manera ansiógena frente a ciertas circunstancias para, así, sobrevivir frente a ellas. En el ejemplo inicial de chasquear los dedos y hacer que aparezcas en una selva con un león frente a tus ojos, la respuesta de ansiedad lo es en función de un entorno aversivo y no de un contexto alternativo como, por ejemplo, que estés en el sofá de tu casa, con una taza de té verde, escuchando tu pódcast favorito. En el primer contexto se activa esta respuesta, en el segundo ni siquiera se precisa —salvo que no estés haciendo ni puñetero caso al pódcast porque no dejas de rumiar sobre la posibilidad de que en cualquier momento aparecerá el león, en cuyo caso la propia rumia es ese entorno aversivo.

3.4. EVITAR, EVITAR, EVITAR... HASTA EVITARME

Hasta ahora hemos hablado de los consecuentes de la conducta evitativa cuando algo nos produce ansiedad. El principal consecuente es un alivio significativo del malestar que se experimenta previamente. Recordemos el ejemplo de dejar la puerta cerrada y quedarnos recluidos en casa, no vaya a ser que, de abrirla, nos coma el león. La verbalización «no vaya a ser que» es la respuesta anticipatoria del organismo, desencadenante de la respuesta de ansiedad propiamente dicha; el hecho de quedarnos recluidos en casa es la conducta evitativa. Ahora bien, ¿qué podemos decir de las consecuencias que conlleva esta conducta?, ¿qué ocurre a medio-largo plazo en ese individuo que a corto plazo se siente aliviado por quedarse en casa? Sucede que acaba evitándose a sí mismo.

Lo que inicialmente era evitación frente a un único estímulo —el león—, pronto acaba siendo un repertorio conductual de evitaciones de todo lo que se asemeje o circunde al presunto estímulo. El pomo de la puerta frente al que me que-

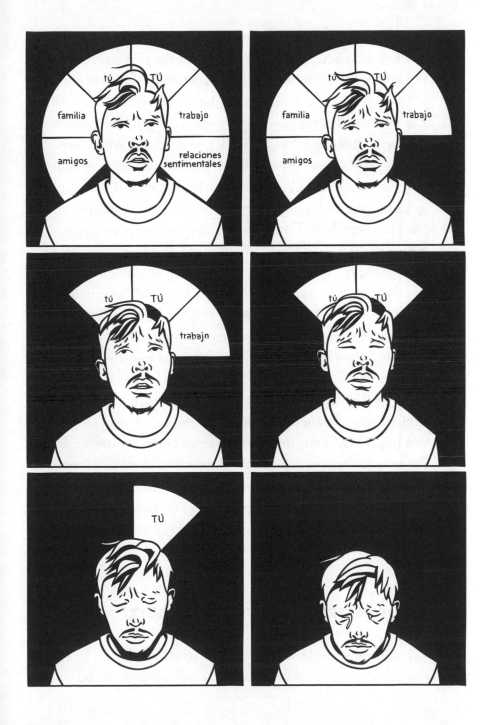

do petrificado. La puerta frente a la que hipotetizo que se halla el león. El salón de casa, en el que rumio al respecto. Los ventanales a través de los cuales el presunto león podría saltar y devorarme. A ello se le van añadiendo nuevas evitaciones: Las visitas de los amigos, en la medida en que ya no puedo siquiera abrirles la puerta. Mi gata, que es la versión en miniatura del estímulo aversivo. El televisor, porque al hacer *zapping* podría aparecer el rugido de un león en el National Geographic; este hecho incluso me condiciona a ser incapaz de volver a encenderlo. Entrar en las redes, porque podría aparecer un *reel* de gatos feroces, entonces *decido* eliminar mi cuenta de usuario. Al irme a la cama tengo miedo de quedarme dormido, no vaya a ser que el león me sorprenda en mitad de la noche. Al permanecer despierto, me doy cuenta de lo fuerte que respiro y lo acelerado que tengo el corazón, de modo que comienzo a pensar que en cualquier momento me puede dar un infarto y entonces seré presa fácil para el león… Hasta que ya no solamente evite mi entorno, sino que también me evite a mí mismo o, lo que es lo mismo, que mi vida se convierta en una prisión en la que incluso mi propio cuerpo es una celda. En otras palabras, lo que inicialmente me generaba una sensación inmediata de alivio, ahora condiciona toda mi vida y me mantiene encarcelado sin la posibilidad de crecer, tener relaciones significativas, desarrollarme y seguir aprendiendo como ser humano; o sea, me aleja de vivir.

3.5. ¿CÓMO EVITAR ESTA CATÁSTROFE?

Paradójicamente, la respuesta más acertada a la pregunta «¿Cómo evitar esta catástrofe?» es lo contrario a lo que la pro-

pia pregunta sugiere: la «catástrofe» se evita no evitándola. Hemos visto en este capítulo como la ansiedad es una respuesta emitida por un organismo en presencia de una posible amenaza, un hipotético estímulo aversivo y perjudicial para la supervivencia y que, por ende, prepara al mismo organismo, o bien para salir por patas de esa situación o bien para enfrentarse a ella con la posibilidad de salir vencedor de la misma —entiéndase «vencedor» como superviviente, no como ganador de un premio—. Todo ello indica que, pese a que una persona experimente un elevado malestar con la expresión de la sintomatología ansiógena —taquicardias, hiperventilación, temblor, sudoración, hormigueo, constricción en la boca del estómago...—, este malestar cumple una función: protegerla. Bajo condiciones selváticas, con un león hambriento frente a nosotros, tomarnos un ansiolítico para «estar de *chill*» no supondría una respuesta de supervivencia, sino una de necedad y autosabotaje. Bajo otro tipo de condiciones ambientales —por ejemplo, en casa, con una taza de té y escuchando nuestro pódcast favorito—, tomarnos un ansiolítico «por si acaso» no es una respuesta de supervivencia, es premonición —capacidad esotérica, que, por cierto, no cae al vacío, sino que me predispone a experimentar, antes o después, una respuesta de ansiedad que confirme mi previa hipótesis y, por ende, mis poderes sobrenaturales—. Bajo condiciones ambientales de interacción social —por ejemplo, una quedada de amigos para tomar unas cañas y ponernos al día—, llamarme a mí mismo y que me llamen «ansioso», hablarme y que me hablen mayoritariamente de mi *enfermedad* y evitar o que eviten situaciones incómodas y presuntamente desencadenantes de *la ansiedad que soy* no es una respuesta de supervivencia, es la atribución de un rol social, dentro de mi comunidad. Bajo todas las condiciones ambientales previamente descritas, las estrategias que ejecuta el individuo —y su entorno— no extinguen precisamente la respuesta de ansiedad; la mantienen en el tiempo.

3.5.1. LA CUCHARITA QUE A VECES ES AVIÓN

Me vienen a la mente todas las veces que mi madre, en su férrea insistencia en que me tomara una sopa que *a priori* yo anticipaba como *asquerosa* y de la que rehuía con mil y una estrategias —llorar, echarme hacia atrás, bajarme de la silla, patalear, cerrar con fuerza la boca…—, hacía de la cuchara un avioncito.

> **—¡Mira, Dariel, mira, es un avión! —me decía, con voz melódica y cierta efusividad en sus palabras. Inevitablemente, despertaban mi curiosidad por contrastar si efectivamente estaba ella en lo cierto**

y lo que tenía entre sus dedos era un avión, en cuyo caso, me encantaría jugar a ese juego.

—Eso no avión... ¡eso cuchara! —expresaba con mi pobre léxico, haciéndole saber que no era tan fácil engañarme.

—¡Qué dices! No lo estás viendo bien de cerca, pero es un avión...

—¿De verdad? —le respondía, ya con dudas existenciales.

—Tú sabrás... si no juegas tú, jugaré yo con el avión —me respondía ella a mí, con la cuchara ya más cerca de su boca que de la mía.

Y su juego elicitaba en mí la respuesta de querer zamparme el avión para que así ella no se saliera con la suya y me ganara.

Podrás imaginarte cómo sigue la historia, de modo que no pretendo hacerte un *spoiler*. Solamente quiero que juntos analicemos esta clásica situación maternofilial basada en el contracondicionamiento de un estímulo, *a priori*, aversivo para un organismo. Mi respuesta es de *asco* en función de algo: un estímulo que, a simple vista, no me genera mucha confianza en cuanto a su forma, textura, olor o color —lo cual, desde un punto de vista evolutivo, es una respuesta adaptativa, en tanto que no me llevo cosas sospechosas a la boca que podrían envenenarme o, en el peor de los casos, matarme—. ¿Que no ocurre con juguetes, productos de limpieza y otras muchas porquerías que sí nos llevamos a la boca sin dudar y que sí constituyen un riesgo para la supervivencia? Cierto, pero la diferencia estriba en que todos esos juguetes y porquerías, a diferencia de la sopa, sí pasan los filtros de forma, textura, olor o color apetitivos. En ese sentido, lo que mi madre pretende es condicionar la misma respuesta de interés, curiosidad y asombro hacia un estímulo que hasta el momento solo me produce rechazo.

Lo interesante aquí es lo que pasa cuando, al fin, ella logra que me lleve la primera cucharada a la boca. Como respuesta automática, mi cara refleja asco, si bien la sopa me va gustando conforme la voy inspeccionando y saboreando. Al cabo de cuatro o cinco cucharadas, mi expresión facial se relaja, mi conducta evitativa es sustituida por otra de curiosidad y disposición al consumo del contenido acuoso, me habitúo al sabor de la sopa e incluso espero con ansias el siguiente sorbo. Que la cuchara sea un avión o siga siendo cuchara ya no me importa. Que mi madre me haya engañado, tampoco. Me importa que la sopa sabe que te cagas y quiero más. Tras varios ensayos en distintos días, llegará un momento en el que mi madre ya no precisará recurrir nuevamente a la estrategia de la cuchara-avión para que mi disposición y apetencia por tomarme la sopa cambie abruptamente. Con tan solo ver la sopa, querré tomármela. Esto es aprendizaje —y también el *spoiler* que prometí no desvelar.

Extrapolado al ámbito de una respuesta de ansiedad frente a un estímulo —como, por ejemplo, la anticipación de un león en ausencia del mismo, un espacio cerrado, los aviones, el ladrido de un perro, una interacción social, la propia percepción de taquicardias y respiración entrecortada o lo que sea que te produzca tal respuesta de malestar y, por ende, de evitación o escape—, es evidente que el primer contacto con el estímulo en cuestión producirá en ti una respuesta automática de tensión, bloqueo, rechazo y huida —como a mí el intento de rechazar la cucharada o poner cara de asco al saborear la sopa por vez primera—, si bien lo esencial en esta exposición es que el organismo vaya *interiorizando* —o sea, contrastando con aproximaciones sucesivas que, frente a la propia exposición, no hay evidencia alguna de peligro— que el perro no solo es inofensivo, sino que su ladrido expresa las ganas de jugar conmigo; que un espacio cerrado es incómodo, sí, pero dejará de ser cerrado antes o después y, mientras tanto, puedo jugar al ajedrez virtual desde el móvil porque llevo tiempo sin entrenar; que un avión es de los medios de transporte más seguros y que mis relaciones sociales son una de las pocas oportunidades vitales que tengo para crecer como persona y conocerme mejor. En otras palabras, que me guste la sopa.

4
¿QUÉ ES UN TCA?

4.1. INTRODUCCIÓN: LA RESPUESTA ALIMENTARIA

Esto es lo que vamos a hacer. Vamos a edificar una sociedad que premie unos cánones de belleza muy concretos y que brinde a las ovejas unos modelos a seguir que cumplan esos cánones. Vamos a hacer talleres con las mamás para que controlen lo que comen sus hijas. Que aprendan a discriminar en ellas «esta carne sobrante de aquí» o «esa lorza que tienes allí», «esa papada que te sale en los selfis» y que «ese chico que te gusta dejará de fijarse en ti, hija, si en lugar de niña bonita, eres una foca». Vamos a enseñarles a enorgullecerse de los platos que no se terminan y del sonido de las arcadas al otro lado de la puerta del baño. Pero antes de todo eso, vamos a enseñarle a los papás a menospreciar el cuerpo de sus mujeres; subordinarlas a su apetito sexual. Desarrollar un exquisito humor para dilapidar su autoestima y que así, cuando se pongan histéricas, les digan: «¡Pero si era una broma, mujer!». Por supuesto, también vamos a enseñarles rectitud y mano dura cuando haya que tenerla; al fin y al cabo, un cuerpo femenino gordo es, ni más ni menos, falta de voluntad. Entre tanto maquillaje y revistas del corazón, es normal que se les olvide cuidar su estética. Lo más importante es que sigan estando buenas. Pero si, por un casual, nada de eso condiciona su conducta, vamos a apoyarlos para que les pongan los cuernos a sus mujeres, para que así ellas se den cuenta de que hay otras mujeres más bonitas y entonces compitan por el amor de su macho. Vamos a hacer que las hijas de esos matrimonios aprendan, por ende, que su cuerpo es una cárcel, que tienen que salir de él, como sea, si quieren triunfar, claro. Y luego, para rematar, vamos a darle un nombre a la conducta alimentaria que desarrollen con el paso de los años. Sí, la vamos a llamar... «Anorexia». ¡Ay, me gusta! A partir de ese momento, las niñas se llamarán Anorexia. Por supuesto, ponerle un nombre tiene sentido. No queremos que se sepa que las conductas restrictivas o purgativas con respecto a la comida son consecuencia de una sociedad que premia un cuerpo «x» y castiga un cuerpo «y». Queremos que el problema se vea como algo... etéreo, abstracto, difícil de operativizar. De ese modo, es ajeno a toda responsabilidad social y podemos, como manada, contestar: «Es que ella está enfermita». La meteremos en un centro para rehabilitarse y cuando salga, vuelta a empezar, porque la sociedad seguirá siendo la misma, claro. El verdadero problema de esa adolescente es su comunidad, no ella. No es que no se vea bien en el espejo, es que el espejo está roto, pero... tú simplemente dile que está gorda.

4.2. EL ESPEJO: ¿REFLEJO DE LA BELLEZA?

Te invito a pensar en la historia de una joven doncella de pálido rostro, su madrastra y la obsesión de la segunda por ser más bella que la primera, quien, con mucha relajación de costumbres *fluye* con siete hombrecitos, haciendo de madre para ellos —no vaya a ser que por ser hombres no puedan responsabilizarse de sí mismos— y explotando animales para que hagan las tareas del hogar con cánticos próximos a Taylor Swift. Además, esta doncella ya goza de todos los atributos con los que cualquier chica podría soñar —blanquita, dócil, tierna, virgen, con labios refinados, pelo lacio y mofletes colorados—, vamos, todo un clásico de lo que concebimos como «mujer perfecta». En el transcurso de la historia, vemos una enemistad entre la protagonista y la antagonista y también vemos cómo la resolución del catastrófico desenlace —es decir, la muerte de la doncella (lo siento por el *spoiler,* pero ya vas tarde si no has visto esta película)— estriba en un beso de amor verdadero por parte de un apuestísimo príncipe heteronormativo. No obstante, con facilidad podemos omitir o alertar tan solo en un segundo plano la presencia de un espejo animado, capaz de expresar reiteradamente ante la madrastra de la doncella que es la más bella del reino hasta que aparece su competidora, en cuyo caso el espejo no puede salvo serle sincero. Y yo me pregunto aquí: ¿Desde cuándo un espejo puede hablar?, ¿es realmente el espejo el que habla, o es que la madrastra se habla a sí misma de forma encubierta? ¿En función de qué, salvo de una sociedad apremiante de ciertos cánones de belleza, tiene tal discurso encubierto un contenido verbal de este tipo? Por supuesto, la historia tiene un final feliz en el que *la mala* muere, *la buena* sobrevive gracias a haber encontrado el *amor verdadero*, y su presunto amor verdadero, bueno… sirve para algo más que para desenvainar su espada.

Por supuesto, desde 1937 hasta la actualidad ha habido tiempo suficiente para cambiar las historias. Ahora incorporamos a mujeres pelirrojas que se valen por sí mismas, temáticas LGBTIQ+ que no hieren sensibilidades e incluso nos arriesgamos a otorgarle a un personaje ficticio —por ejemplo, a una mujer con aletas— un color de piel negro que en absoluto genera controversia social. Pero, en mayor o menor medida, los objetos inanimados con capacidad parlante siguen estando presentes. Así que… ¿qué representan?, ¿a qué voces hacen referencia estos objetos?

4.3. LA METÁFORA DEL ESPEJO ROTO

Marta lleva un año con un TCA. Para ser más específicos, anorexia nerviosa (AN). Ha probado todo tipo de enfoques psicoterapéuticos, toda clase de medicamentos y un cómputo de metodologías que abarcan desde las más arcaicas hasta las más vanguardistas. Pese a todo, su problema de conducta alimentaria no solo se mantiene vigente, sino que ha empeorado con el paso del tiempo. La intervención central de todos los procesos psicológicos por los que Marta ha pasado se ha basado en esconder o tapar estímulos elicitadores de su respuesta de comprobación, entre los que destacan los espejos, ya sea de su cuarto, del baño o del salón. También se ha pedido a su universidad que, en la medida de las posibilidades, Marta siempre vaya acompañada al baño para evitar que se mire en los espejos que hay allí y para corroborar que no ejecute ninguna conducta purgativa. Por último, su círculo de amigos evita todo tipo de conversaciones evaluativas respecto a la imagen corporal, ya sea de Marta o de terceras personas. No obstante, hay un espejo en el que los psicólogos, psiquiatras y el entorno social no han reparado: la pantalla de su móvil.

Marta es capaz de reconocer al instante las *lorzas* que le sobresalen del vientre a través de la cámara frontal o de identificar la papada que tiene en torno al cuello cuando se saca un selfi, eventos que generan en ella una respuesta de malestar tan intenso que, casi sin hacer ruido, se dirige al baño y vomita lo poco que ha desayunado, comido o cenado. Además, ha descubierto una forma de ejecutar estas conductas purgativas sin que las arcadas lleguen a percibirse auditivamente: tirar de la cisterna del retrete tantas veces como arcadas tenga. Su sufrimiento, por ende, es privado. El entorno solo es capaz de percibir las consecuencias: un cuerpo cada vez más deteriorado.

Pese a todo, consideramos que *el problema* lo tiene Marta, que algo sucede *dentro de ella* para *verse* en el espejo de forma tan distorsionada. En ese sentido, diremos que Marta está malita de la conducta y que hay que *corregir* algo a fin de que logremos el cambio deseado: la aceptación de su cuerpo. Sin embargo, nos cuesta reconocer —más adelante desvelaremos la función de por qué nos cuesta reconocerlo— que el entorno de Marta tiene algo que decir sobre el mantenimiento de esta conducta-problema. En otras palabras, ¿qué tipo de contenido descubre Marta cuando accede a sus redes sociales?, ¿qué sugieren las campañas publicitarias de potingues varios?, ¿qué tipo de fotos suben las personas en las apps de citas que Marta consume con el objetivo de sentirse gustada por alguien?, ¿qué verbalizaciones ha escuchado Marta en el trascurso de su

historia de vida respecto a los cuerpos?, ¿en qué se han fijado en primer lugar cuando ella ha hecho una entrevista de trabajo?, ¿cómo responden sus propias amigas cuando ha perdido peso?, ¿cuántas veces comenta su abuela que está «un poco gordita»?, ¿qué hace la madre de Marta cuando lo que ve en el espejo no le gusta?, ¿Marta la observa mirándose al espejo? Y así podríamos ocupar medio libro, pero me voy a ahorrar más preguntas, puesto que supongo que sabrás por dónde van los tiros. Si yo, como terapeuta, logro la presunta aceptación incondicional de la consultante respecto de su cuerpo, Marta hallará la *aceptación condicionada* en su propio universo; al otro lado de la puerta de la consulta o, sin ir más lejos, nada más desbloquear la pantalla de su móvil. Todas las *distorsiones* que la consultante destaca en el espejo —sea cual sea ese espejo— responden a un evento: un entorno fulminantemente aversivo hacia según qué cuerpos. Marta no está rota, roto está el espejo.

De ahí que *se vea* mal.

4.4. QUE SE DÉ MÁS EN MUJERES... MERA CASUALIDAD

Inicialmente, tenía pensado escribir este capítulo refiriendo estadísticas que evidenciaran una diferencia significativa en cuanto a problemas de conducta alimentaria en función del género. Tenía ya estructurado mi discurso en cuanto a lo poco de «casualidad» que albergan estas diferencias, refiriéndome a la presión ejercida hacia las mujeres por el acceso a unos cánones estrictos de belleza socialmente impuestos y al terrorismo de las redes sociales respecto del mantenimiento de esta conducta-problema. Fue entonces cuando, sentado frente al orde-

RECETAS DEL
AZAR

Elementos para crear
una mujer   ñam!

• Un poco de histeria
• Una pizca de perfeccionista
• Diez cucharadas de intensa
• Un Kg. de celos

nador y a punto de escribir este capítulo para ti, recordé una experiencia acontecida hace ya unos años. Estaba en la universidad, cursando mi formación como psicólogo cuando una profesora nos dijo: «Quiero que levantéis la mano aquellos de vosotros que en algún momento de vuestra vida hayáis sentido culpa por comeros algo». Teniendo en cuenta que en mi caso particular he contado con *la suerte* —o, para ser más exactos, la ausencia de presión social pertinente— para no albergar un sentimiento de culpa, incluso cuando me como el dónut más azucarado sobre la faz de la tierra, me giré para ver quiénes de mis compañeros habían levantado la mano. Para mi *sorpresa* —te aseguro que no lo fue—, todas las personas que tenían la mano levantada eran mujeres. Debo ser honesto contigo y considerar también que tan solo un 20 por ciento de la clase éramos hombres; sin embargo, y pese a esta variable, es al menos llamativo que casi el 80 por ciento restante —o sea, casi todas las chicas— evidenciara un sentimiento de culpa en algún momento puntual de su vida —o transversal a la misma— respecto a la ingesta de algún alimento.

Ahora, con tu permiso, quisiera compartir contigo la historia de Marcos, un chico heterosexual cisgénero, de diecinueve años, que estudia la carrera de Administración de Empresas (ADE), por deseo y mandato de su padre, quien dirige una empresa de renombre en la capital. Marcos tiene una vida normal y corriente. Estudia lo justo para aprobar, lleva un año con su novia, Cris, a quien puntualmente ha dicho: «Últimamente te noto como con más cuerpo… no sé, tienes el culo un poco más gordo y eso, jeje». Cris se siente bastante mal cuando Marcos le dice cosas así, pero él excusa este tipo de verbalizaciones en que: «Yo solo me preocupo por tu salud y bienestar»; acto seguido, se enfada con ella porque la considera «muy dramática» y aprovecha estas situaciones para ir al *gym* y desfogarse de su malestar emocional. Por lo demás, es un chico con alguna que otra afición. Por ejemplo, le gustan mucho los domingos porque se levanta muy temprano para jugar al fútbol con sus colegas. Después, se toman un par de cervezas para refrescarse y ponerse al día y, al volver a casa, se pone a hacer planchas y abdominales para «quemar» las dos cervezas que se ha tomado, no vaya a ser que acabe con la barriga de su padre, por quien siente entre vergüenza, decepción y asco. Los días de entre semana, Marcos dedica la mitad del día a estar en clase y la otra mitad a entrenar. Para él, eso es como su religión. Considera que: «En la vida, todo es cuestión de fuerza de voluntad», y ello justifica que, ante la mínima señal de pereza, cansancio o desgana, precisamente se machaque el doble en el gimnasio, respaldado por el lema: «Solo los débiles mueren, ya lo decía Darwin». A veces, le vienen recuerdos de cuando era más pequeño. Tiene flashes del *bullying* que sufrió a los siete años porque era un poco gordito y *gafotas*. En el colegio lo llamaban «sandía»; «Es posible —expresa él— que este sea el motivo por el cual no me gusta nada comer sandía, aunque reconozco que es muy sana para el cuerpo y como dieta tiene que ser la caña». Desde hace unos meses, Marcos se ha decantado por ir subiendo a las redes sociales contenido sobre su día a día. El contenido versa sobre los alimentos que ingiere, los ejercicios que realiza para fortalecer su musculatura, las restricciones alimentarias que lleva a cabo y algún que otro lema motivacional para que aquellos que se propongan tener un cuerpo diez no se den por vencidos. Cuando está con sus colegas, su tema recurrente es hablar de proteínas y carbohidratos. Cuando está con su novia, habla del Imperio romano y de lo bien definidos que eran los cuerpos en esa cultura. Cuando está con su entrenador, habla de la incorporación de más ejercicios, porque siente que no está haciendo suficiente. Su entrenador vacila unos instantes antes de responderle, pero pronto reconoce la misma «actitud» que tenía él al principio, de modo que cede un poco y le duplica el número de flexiones. Antes de irse a dormir, Marcos se tumba en el suelo, con los pies sobre el borde de la cama, y hace los últimos cien abdominales para dormir «como un tronco»; incluso cuando ya está dormido, sus sueños versan sobre sí mismo, mirándose al espejo y viendo a un semidiós reflejado. Ocho horas más tarde, se levanta, se mira al espejo y comprueba cuán cerca o lejos está de su objetivo. Si se percibe lejos de su objetivo, se repite perlitas verbales como: *«Bro, estás to* fofo» o «Tú y la fuerza de voluntad no vais de la mano, ¿no?» o «Qué patético eres, tío». Por el contrario, si se aproxima a la imagen de lo que alguna vez *será*, entonces se dice a sí mismo: «Venga, *bro*, que tú puedes» o «Recuerda lo mal que lo pasaste en el cole…, no querrás volver ahí, ¿a que no?» o «Tus amigos van mejor que tú, así que ¡vamos, a por todas, *bro*!». Con independencia de lo que se diga a sí mismo, las conductas que pone en marcha a lo largo del día son las mismas y en este orden secuencial: comprobación – insatisfacción corporal – ejercicio – alivio del malestar – ingesta de alimento – comprobación. Hablamos, por ende, de un círculo vicioso en cuanto a la conducta, con el objetivo de lograr un cuerpo distinto al que tiene y el cuerpo que tiene el propio impedimento y causante de su malestar, cuando no es en sí «un cuerpo» lo que nos produce bienestar o malestar, sino las etiquetas socioverbales a las que este está asociado, tales como «belleza» o «fealdad», «fortaleza» o «debilidad», «macho alfa» o «fracasado». En otras palabras, la motivación al cambio de la imagen corporal en Marcos no es lo «fofo» que se perciba a así mismo, sino qué significa para su comunidad estarlo.

Es curiosa la semejanza de esta historia a un TCA. Pero estar *healthy* mola.

4.5. EL SÍMBOLO DE LO PERFECTO

¿A qué aspiras? ¿Qué considerarías esencial para ser feliz?, ¿y amada/o? ¿A quién te imaginas al pensar en términos tales como «éxito», «crecimiento personal» o «autorrealización»?, ¿cómo visualizas a esa persona?, ¿con qué tipo de constitución? ¿Qué imagen la representa?, ¿es importante esa imagen?

Si tus respuestas a estas preguntas se alejan de un cuerpo «x», una dieta «y» y un estilo de vida «z», te doy mi más sincera enhorabuena: has salido de la *matrix*. Pese a todo, nunca se sale de ella por completo. De vez en cuando aparece la culpa cuando te comes ese dulce. De vez en cuando subes esa foto en las redes con algún que otro filtro, alguna que otra corrección. De vez en cuando, verte en el espejo y *sentirte* fea condiciona el resto de tu día y llegas a verbalizar para tus adentros: «Con razón estoy más sola/o que la una». De vez en cuando insistes en ir al gimnasio —pese a aburrirte, cansarte, desmotivarte o vivirlo como una experiencia aversiva, ya que los cuerpos que ves se alejan del tuyo—, y de vez en cuando la función que cumple ese *gym* es ponerte *buenorra/o*. De vez en cuando accedes a la operación biquini; otras veces, cuando no lo consigues, vas menos a la playa, y otras muchas te quedas en la sombra, pasando desapercibida/o. De vez en cuando alguien te dice que has cogido unos kilos de más y de vez en cuando comes de menos a partir de entonces. Detrás de cada uno de esos «de vez en cuando» hay algo que se refiere a tu supervivencia: la aprobación o la inevitabilidad del rechazo social.

Quizá ahora necesites que te diga que la gente que te quiere te querrá por como eres —típica verbalización de manual de autoayuda práctica en formato de meditación guiada—, pero sería inapropiado por mi parte expresarlo, e irracional por tu parte aferrarte a este axioma. Es inapropiado por mi parte porque, en primer lugar, desconozco a la gente que te quiere, en segundo lugar, desconozco también cómo te quieren y, en tercer lugar, quien te quiere lo hace bajo ciertas condiciones y no otras —de ahí que sea irracional por tu parte aferrarte al pensamiento inicial—. Tu madre puede quererte mucho y justificar su verbalización: «Hija, no comas tanto, que engordas», en ese querer. Tus amigos pueden quererte mucho y justificar su verbalización: «Tío, estás muy delgado, a ver si comes más», en ese querer verte como *se ven* a sí mismos —o como presuponen que *debe verse* un hombre sano y *exitoso*—. Tu pareja puede quererte mucho y justificar su verbalización: «Cuando tienes la regla comes por dos», en ese querer, en tanto que se fija en tus procesos hormonales, pero no en cómo te afecta emocionalmente que te diga eso, y ello desencadena una intensa rumia basada en: «Seguro que se empieza a fijar en otra más delgada que yo». En resumidas cuentas, todos te quieren y, pese a ello, lo que te dicen te hace daño. ¿Cómo es esto posible?, pues porque el contenido de lo que te dicen son comentarios de mierda no solicitados que invaden e invalidan algo tan íntimo, personal y fluctuante como tu imagen corporal. De modo que sí, te quieren, igual que también te pueden querer mejor.

En resumen, dentro o fuera de la *matrix*, estás condicionada/o a perseguir —en mayor o menor medida— *algo*, y ese *algo* es una imagen socialmente aprobada; ¿sexualizada o cosificada?, sí, pero aprobada. Lo interesante es el disfraz más común que adquiere tal persecución: *una vida fitness*.

4.6. EL GUSTO POR LO SANO

Si a la hora de comer me zampo una hamburguesa con patatas fritas, un refresco con gas y, de postre, dos bolas de helado de chocolate con sirope de fresa por encima, la sensación de saciedad puede, con mucha facilidad y en un breve lapso de tiempo, trascender a *sentimiento* de culpa. (NOTA: he optado por destacar la palabra *sentimiento*, porque lo que se siente es malestar, y aquello que entendemos por «sentirse culpable» es, en esencia, *pensarse* culpable). Esta sensación de malestar irá invariablemente acompañada de una rumia incesante cuyo contenido podría traducirse en: «Mira lo que has hecho, pareces una foca, ¿de verdad tienes que comer tanta mierda concentrada?, piensa en cómo repercutirá esta comida en lo horroroso/a que te ves en el espejo. Ahora te sientes saciado/a, pero deja que pase un ratito, chato/a… No tienes ninguna fuerza de voluntad, ¿de verdad quieres que tu vida se base en este tipo de dietas?, ¿a quién pretendes engañar? Mira a tu madre, arrepentida de su físico, ¿quieres acabar igual que ella? Tienes un problema de autoestima muy serio, si no eres capaz de controlar lo que comes. ¿Lo ves?, te sobra carne en la tripa; sí, sí, tú compruébalo y verás que acabarás dándome la razón? ¿Y esos muslos?, ¿desde cuándo son tan gordos?, luego te molesta que la gente te mire fijamente por la calle; lo que miran es tu cuerpo fofo. Yo que tú no me iba a la playa esta tarde, mejor quédate en casita, que así estás más mono/a».

Inevitablemente, el malestar que experimentaré será tan elevado —ya no por la hamburguesa con patatas en sí misma, sino por la conducta verbal encubierta que sigue a la ingesta— que recurriré a alguna estrategia para «compensar» mi conducta alimentaria y, bueno, al menos me sentiré un poquito mejor. ¿En qué se traduce esa estrategia? En un primer momento, en que, a la hora de cenar, tomaré una ensalada y un vaso de agua, sin postre, ni proteínas, ni pan. Quizá después de comerme la ensalada sienta que me he quedado con hambre, pero en esa misma sensación de no estar saciado experimentaré, al mismo tiempo, una falsa sensación de control. «¡No solo he logrado comer *sano*, también he logrado comer menos!».

Pronto, lo que puntualmente era una estrategia compensatoria de una ingesta que me produce culpa, pasará a ser mi *modus operandi* en cuanto a conducta alimentaria. Rechazaré, poco a poco, aquellos planes que conlleven la ingesta de hamburguesas, y también de pizzas, burritos, comida asiática o kebabs, del mismo modo que me contentaré con la sensación de tener el control de mi propio cuerpo a base de ensaladas y vasos de agua. Una alternativa, no obstante, es *sucumbir* a *la tentación* (nótese a continuación qué tipo de connotaciones me conllevará consumir una simple hamburguesa) y, acto seguido, quemar lo ingerido con ejercicio durante, al menos, una hora y media —porque media horita no me bastará— en la que percibiré mi cara de hastío, el cansancio y el dolor muscular —traducidos en la verbalización encubierta: «Ahora te jodes y te sacrificas, por lo que has comido»—. Además, de este modo obtendré nuevamente esa sensación de control sobre mi cuerpo, adherida al placer de verme en un espejo con una tableta más o menos definida y unos bíceps bien abultados —consecuencias inmediatas de la ejecución de un deporte que a todo el mundo hacen sentir bien— o añadida al mero aprendizaje vicario —que de «mero» tiene más bien poco—, basado en la observación de la conducta que emiten quienes me rodean en el *gym*: a saber, gente que acude por la misma razón que yo, gente que lo ha dejado con la pareja, gente que acude antes o después de ocho horas de jornada laboral como oficinistas, y los respectivos entrenadores de cada uno de ellos, con las filosofías de: «Si quieres, puedes» y «El dolor es amigo».

Ciertamente, existen dificultades con las que, como analistas de conducta, nos cuesta competir si nos llega a consulta una persona con uno de estos perfiles. ¿Cuáles son estas dificultades?

1. Que comer ensalada no es, *a priori*, dañino para nadie.
2. Que hacer ejercicio no es, *a priori*, dañino para nadie.
3. Que el efecto a corto plazo de la realización de ese ejercicio es el placer.
4. Que tener un cuerpo fitness no es, *a priori*, desagradable para nadie (de hecho, con frecuencia ligas más).
5. Que el sacrificio, el dolor y el ayuno son virtudes, desde una perspectiva judeocristiana.
6. Que se asocia la gordura a un estado insalubre del cuerpo.
7. Que tener una sensación de control sobre el cuerpo —por falsa que sea dicha sensación— es, al menos, tener control sobre algo.

4.7. EL GUSTO POR COMER

Una alternativa al abordaje y a la confrontación de las dificultades previamente planteadas no es, siquiera, confrontarlas, sino evaluar sus consecuencias a medio-largo plazo y cuánto o cuán poco distan de una vida basada en *la libertad* para el consultante. ¿Qué significa esto? Pues puede que comer únicamente ensalada le proporcione una sensación de control sobre su cuerpo, pero lo aleja de degustar muchos otros sabores que nunca llegará a descubrir debido a la restricción que se autoimpone. Puede que ir al *gym* no le propicie daño alguno, pero lo priva de conocer otras formas de deporte y de autoconocimiento corporal —como la danza o el yoga—, y lo aleja de la posibilidad de crear vínculos basados en la personalidad de cada uno, más allá de la importancia del cuerpo —por ejemplo, en la terraza de un bar—. Puede que el sacrificio, el control o el ayuno como estilos de vida pronostiquen la consecución de ciertos objetivos, pero a su vez se distancian de aquellos objetivos relacionados con el placer, el disfrute y la incertidumbre, los cuales también tienen algo que decir del consultante en cuestión. En otras palabras, no es preciso batallar una guerra de argumentos con el consultante para saber quién tiene la razón, sino simplemente abordar aquello que se pierde —y que resulta ser significativo para su crecimiento personal— por el hecho de comprometerse a una vida basada en el sacrificio, la restricción o la compensación. Al respecto, no tiene por qué restarse nada; más bien puede sumar.

A continuación, expongo el relato de nuestro personaje inicial, Marta, tras tres meses de intervención psicológica.

Llegué bastante desmotivada, no te voy a engañar. Después de haber pasado por tres psicólogos, un internamiento y dos psiquiatras, no veía esperanzas de salir del pozo. Creo que el problema parte del hecho de que yo nunca he visto un pozo, ¿sabes? Quiero decir, no veía que fuera un problema, al menos no para la otra gente. Mis padres estaban preocupados, sí, pero tenían bastante con sus pro-

blemas de matrimonio como para detectar que a mí me ocurría algo, hasta que lo que me pasaba ya era bastante «grave», según ellos. En la universidad, tan solo me costaba atender bien en clase. De vez en cuando me quedaba dormida o me desmayaba, pero nadie imaginaba que pudiera tratarse de algo más que una bajada de tensión. El verdadero problema llegaba cuando estaba sola; pese a no haber espejos en los que verme reflejada, tenía la pantalla de mi móvil. Esa era mi comprobación. No solo comprobaba que me sobraban lorzas en el cuerpo o que tenía papada alrededor del cuello, sino que veía el reflejo de otras chicas. Cuando me metía en las redes, tan solo veía tías con las que no me sentía identificada en absoluto y que llevaban vidas felices. Me decía a mí misma que yo quería tener ese tipo de vida, ese cuerpo. Cuando leía los comentarios, me daban cierta envidia: «Estás guapísima», «Ojalá pudiera ser tu novio». «Eres una diosa». Para serte sincera, yo nunca he recibido este tipo de mensajes. Muy de vez en cuando, alguna que otra amiga me ha dicho que le gustan mis ojos, y algún que otro chico al que le gusto me ha comentado que mi pelo es muy bonito, pero nunca se han referido a mi cuerpo, así que di por hecho que mi cuerpo no era lo suficientemente... atractivo.

Me he hecho mucho daño desde entonces. He notado el sabor amargo de mis vómitos en el paladar y el ácido en la garganta. He sentido el temblor de mis brazos, aferrados a la taza del retrete, y una vocecilla dentro de la cabeza que me repetía: «Otra vez». Pero, sobre todo, he sentido alivio cuando me he metido los dedos en la boca o he dejado de comer. Luego te encontré a ti y pensé que serías un psicólogo más, uno de tantos que se vuelca en cómo como, cuánto como, cada cuánto tiempo… pero no. Evidentemente tuviste en cuenta esos parámetros, pero fuiste un paso más allá. Me preguntaste una vez quién era yo y no supe darte respuesta. Me dijiste que la terapia se basaría en el hallazgo de la respuesta a esa pregunta y sentí miedo. Tú reconociste ese miedo en mis ojos y me dijiste que no pasaba nada, que todo el mundo tiene miedo de responder a esa pregunta, que no es un camino fácil, que yo resbalaría un montón de veces, y que tú también. Cuando me dijiste eso… me sentí acompañada por primera vez, escuchada. No solo te importaba mi anorexia nerviosa, cómo controlarla, modificarla y sustituirla por otra cosa, también te importaba yo, cómo aceptarme, más allá de mi TCA. No niego que hiciste cosas —muchas— para controlar mi conducta alimentaria. Me mostraste cuál es el *peso* —paradójica palabra— de la sociedad en la que vivo y cómo, por cuestión de aprendizaje, yo he acabado en este punto, controlando todo lo que como, pero perdiendo el control de mi vida. Ahora sé que cuando salga de la consulta tendré que enfrentarme a la misma sociedad, a los mismos comentarios de mierda, a las mismas miradas y, quién sabe, puede que incluso a una recaída por mi parte, pero ahora sé que yo no soy la enfermedad, sino el síntoma. Ahora me veo capaz de ser alguien, más allá del cuerpo que tengo.

Te agradezco mucho que no hayas dejado de mirarme a mí. Te agradezco todas las veces que no has debatido conmigo para demostrarme que tienes la razón. Te agradezco que me hablaras de la diferencia entre un consecuente y una consecuencia y de cómo —por lo que me brinda *a priori* ese consecuente— soy esclava de mis consecuencias. Me siento más ligera ahora, pero no de peso, eso ya me da igual en este momento. Me siento ligera al no tener que cargar con el peso que otros —a quienes ni siquiera conozco— me han puesto. Así que, gracias.

4.8. EL MÓVIL Y SU CARCASA

Si ahora adquiero un móvil, su utilidad estriba en el cómputo de acciones que me facilita: llamadas, videollamadas, mensajes, reloj, calculadora, contenido audiovisual, videojuegos y, con suerte, muchas otras cosas. También puedo enfocarme en cómo quiero presentar ese móvil a la sociedad, es decir, con qué tipo de carcasa quiero que los demás identifiquen mi móvil y elegir, de entre todas, la más llamativa y compleja posible: con un botón trasero para sostener el móvil con los dedos, con dibujos animados en relieve, con una cuerda de metro y medio para colgármelo alrededor del cuello… — todos estos elementos decorativos serían una analogía de las conductas de control/comprobación en un TCA— y, acto seguido, justificar mi elección en que: «Así es más difícil que se rompa la pantalla si se cae el móvil al suelo» —el argumento de: «Lo hago por mi salud» como regla verbal de la conducta alimentaria restrictiva—.

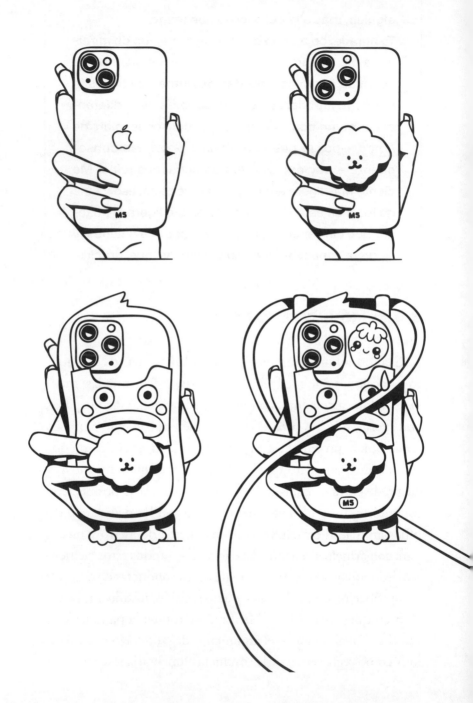

Si bien es cierto que el uso de una carcasa impedirá en muchas ocasiones que se rompa la pantalla al caérseme el móvil al suelo, la aparatosidad de la carcasa elegida posibilita, precisamente, que se me caiga más veces. Lo que inicialmente era un móvil a secas, con el objetivo de facilitarme un poquito la vida, es ahora un móvil difícil de sostener para escribir un mensaje, realizar una llamada o jugar al ajedrez, en vista de que debo apartar una vez tras otra la cuerda de metro y medio de la pantalla. Mi móvil gana en apariencia y pierde en funcionalidad.

Con ello, no pretendo sugerir un dualismo cartesiano en el que la persona es lo que el móvil lleva *dentro* de sí mismo, y el cuerpo es una carcasa prescindible; tampoco trato de establecer una metáfora entre los seres humanos y los móviles —los cuales son sustituibles, mientras que los humanos no—. Lo que sugiero es que la carcasa es esencial para garantizar la seguridad de ese móvil —y de su pantalla—, es decir, carcasa y móvil promueven, juntos, el mismo objetivo. Lo prescindible es obsesionarse con la forma que «debe tener» dicha carcasa a sabiendas de que, a mayor complejidad, mayor probabilidad de que el móvil se fracture, quede limitado o, resulte inservible en cuanto a las funciones para las que ha sido creado.

El ser humano goza de un extraordinario repertorio de conductas que favorece su adaptabilidad a los cambios. En ese sentido, tal repertorio tiene un valor sin igual de supervivencia al que nos referimos coloquialmente como «resiliencia». Abogar por el férreo rechazo del cuerpo que *somos* —no que *tenemos*— es mediar también por una reducción significativa de ese repertorio comportamental, hasta que la rigidez, el control y la comprobación se convierten en las únicas estrategias que un ser humano ejecuta en pro del cuerpo que persigue y que *no es*.

4.9. SALIR DE REHABILITACIÓN Y ENTRAR EN LAS REDES: UN CÍRCULO VICIOSO

Me quedo bastante obnubilado cuando observo a un bebé, si bien su comportamiento es lo que más despierta mi atención. He presenciado situaciones en las que una madre o un padre tiene a su bebé en brazos, quien, con los ojos muy abiertos y el dedo en la boca, observa su mundo circundante y responde al mismo, ya sea con una sonrisa o mediante el llanto. También he observado cómo, una vez en el suelo, el bebé juega e interactúa con el medio que lo rodea, haciendo de cualquier estímulo —incluso de una hoja— un juguete; lo usa como algo que explorar y con lo que entretenerse. Lo que no he

llegado a detectar en ningún bebé es que autoevalúe su cuerpo o se refiera al mismo como «gordo», «fofo» o «le sobran unos kilitos». «Evidentemente que no, Dariel, el bebé aún no sabe pronunciar palabra…», me dirá ahora un buen porcentaje de lectores. Y es cierto, el bebé no sabe aún pronunciar una sola palabra. Sus fútiles, pero prácticos, intentos de comunicación se limitan a sonidos arbitrarios con los que aspira a llamar la atención de sus cuidadores. En ese sentido, comunica en tanto que obtiene tal atención, pese a que lo obtenido no derive del uso de palabras articuladas. También los cuidadores comunican algo cuando, tras oír a su bebé emitir un sonido, interpretan y expresan a otras personas: «Es que le gusta ser el centro de atención» y así les demuestran —y se demuestran— que saben *leer* el presunto *lenguaje encriptado* de su bebé, lo cual les brinda una sensación de ser *progenitores competentes*. Lejos de considerar que los seres humanos deberíamos ser como niños o recuperar la inocencia de nuestro presunto *niño/a interior*, quien era incapaz de ser tan duro contra su propio cuerpo o emitir juicios de valor respecto a sí mismo/a u otras personas, en este punto me interesa considerar la intervención de la comunidad verbal a la que pertenecemos en relación a la imagen corporal que albergamos.

Pongamos que ahora, pasados dieciséis años, ese bebé es una adolescente con problemas severos de imagen corporal —léase «severos» como «el desarrollo de una conducta alimentaria problemática»— que ingresa en una clínica para *batallar* contra *su* bulimia nerviosa (BN). De entrada, hay algo mal articulado en el objetivo: no es en una *batalla* en lo que ha de volcarse el profesional de la salud mental, y no es *suya* —de la consultante— la bulimia nerviosa, sino que el objetivo terapéutico es simplemente modificar una conducta que la consultante en cuestión ha desarrollado. De considerarse una «batalla» o «guerra» contra la bulimia el tratamiento psicológico para la paciente, se estaría concediendo una identidad a lo que, en esencia, solo constituye un aprendizaje. Así pues, la consultante con un problema de conducta alimentaria ingresa en un contexto aislado y controlado, y antes o después experimentará una mejoría lo suficientemente significativa como para darle el alta. La consultante se despide del personal, da las gracias, sale a la calle y reanuda su vida sin siquiera percatarse de que ahora su contexto ha dejado de ser aislado y las variables que afectaron e intervinieron en el origen y el mantenimiento de su conducta-problema siguen siendo las mismas: una madre obsesionada con su físico, un círculo social que sigue criticando «x» cuerpos, anuncios de televisión que ensalzan ciertas imágenes asociándolas con el éxito… Y no olvidemos las insidiosas notificaciones de las redes sociales, que le recuerdan a la consultante la cantidad de contenido que tiene pendiente de consumir; al abrirlo, se refuerzan sus creencias iniciales sobre «cómo se ve un cuerpo bonito» y los autoengaños basados en: «Solo por hacerlo una última vez no me pasará nada» a los que les sigue una inconfundible sensación de alivio y bienestar que la engancha de nuevo. Ahora, hablemos de las recaídas en un TCA.

4.10. ¿CÓMO EVITAR ESTA CATÁSTROFE?

Nuestra boca tiene múltiples funciones. Con ella podemos hablar, comer, comer menos, besar, silbar, cantar, gritar, susurrar… y también tenemos una extraordinaria habilidad que usamos más bien poco: guardar silencio.

Reforzados por las redes sociales, en las que podría parecer que nuestra opinión o nuestras consideraciones respecto a un tema tienen importancia y relevancia y que son dignas de ser compartidas con el universo —alerta, *spoiler*: no lo son—, es posible que ejecutemos como estrategia unívoca lo que llamamos «ser sinceros», excusando la expresión de nuestros pareceres en que: «Esta persona se merece que yo sea honesto con ella»; sin embargo, existe una diferencia entre un acto de sinceridad y uno de falta de respeto. Creo innecesario acudir a la literatura científica para corroborar el efecto aversivo o apetitivo que ejercen determinadas palabras o expresiones sobre el receptor de un mensaje, dado que los propios principios del aprendizaje arrojan luz al respecto. Una palabra —como es-

tímulo condicionado que es— emitida por un organismo dentro de su comunidad verbal goza de ciertas connotaciones —es decir, se halla condicionada aversiva o apetitivamente— que generan en el organismo receptor de esa palabra una respuesta determinada —la cual estriba en la historia de aprendizaje de ese organismo con respecto a la palabra emitida.

El adolescente que emplea una jerga «x» con su grupo de amigos no suele usar esa misma jerga con sus padres. En primer lugar, porque hablamos de dos contextos discrepantes; en segundo lugar, porque lo que para sus amigos sería una expresión condicionada apetitivamente en función de dicho contexto —por ejemplo, el uso de la palabra «cabr*nes» cuando alguno de ellos gana una partida de fútbol en la consola—, en la interacción con sus padres —otro contexto— se vería condicionada aversivamente. No obstante, puede ocurrir que, bajo las mismas condiciones ambientales —esto es, jugando otra noche a la consola con colegas—, mi amigo se enfade cuando lo insulte, porque justamente ese día está de mal humor, ha discutido con su pareja o simplemente se ha dado cuenta de que lo insulto demasiado y eso le produce malestar. En ese momento, un estímulo —palabra— que hasta entonces generaba una respuesta condicionada en mi amigo —provocar su risa— pasa a estar ahora condicionado aversivamente —mi amigo lleva todo el día oyendo insultos y se siente mal.

Extrapolemos ahora este ejemplo a una persona que, por su historia de aprendizaje, tiene condicionadas aversivamente las palabras «gorda/o» o «kilitos de más» y que, además, goza de un discurso encubierto tremendamente aversivo hacia ella, el cual deja de ser tan aversivo cuando se mete los dedos en la boca frente a la taza del retrete. Si le expresamos —desde «nuestra sinceridad» y sin que nos pida una consideración al respecto— que últimamente ha cogido unos cuantos kilitos, con *la mejor* de nuestras intenciones y obviando por completo esa historia de aprendizaje que le pertenece, pasamos de ser sus amigos a ser una variable mantenedora de sus problemas de conducta alimentaria.

Dudo de que un buen amigo quiera dejar de ser *variable protectora* para empezar a ser *variable disposicional* de un problema, por mucha *sinceridad* que lleve por bandera.

5
¿QUÉ ES UNA PAS?

5.1. INTRODUCCIÓN: LA RESPUESTA *SENSIBLE*

Hablemos de personas altamente sensibles o PAS. El otro día estaba sentado en una cafetería junto a mi mejor amigo. Sostenía una taza de té chai entre mis manos mientras hablábamos de las vacaciones de verano. De repente, un estruendo. Cristales rotos, sangre por todas partes y el rostro desfallecido de mi mejor amigo en el suelo. Yo sobreviví, con una lesión auditiva crónica y algo que me impedía volver a probar el té chai, que luego se extrapoló a toda clase de tés, cafés, refrescos y, en última instancia, a toda clase de encuentros con amigos que supusiera tener que tomar algo.

Por otro lado, los sonidos agudos me causaban mucha molestia, y el sonido de los cristales rotos —no sé por qué— me generaban la reacción de agacharme al suelo y cubrirme el rostro con ambas manos. Escribí en internet los síntomas que estaba teniendo y me encontré con un test que me dio una respuesta bastante convincente: me dijo que era PAS. En realidad tenía bastante sentido...

AMIGO MUERTO: *Bro*, eso no es una explicación de lo que te pasa, solo es una descripción.

YO: ¿Cómo dices?

AMIGO MUERTO: A ver, retrocedamos un poquito

en el tiempo. Estábamos en la cafetería y de repente hubo una explosión mientras tú sostenías un té chai, ¿cierto?

YO: Cierto.

AMIGO MUERTO: Vale, prosigamos. Con la explosión se rompieron los cristales de la cafetería, murió el 90 por ciento de la gente —yo incluido— y tú sobreviviste, pero con una lesión en el oído. ¿Verdad?

YO: Así es.

AMIGO MUERTO: Vale, aquí va mi pregunta: ¿Todo esto pasó al mismo tiempo que tú seguías sosteniendo la taza de té?

YO: Sí... no lo recuerdo muy bien, pero cuando te reconocí en el suelo desangrado, seguía teniendo la taza de té.

AMIGO MUERTO: Vale, pues en ese momento, el té chai, que para ti era un estímulo condicionado apetitivamente (EC+), pasó a ser un estímulo condicionado aversivamente (EC-) debido a lo traumática que era la situación. Vamos, que ya ni por asomo te vuelves a pedir un té chai.

YO: Ostras... pues nunca habría pensado eso.

AMIGO MUERTO: Ya, pero es que aquí no termina la historia, bro. Llega un momento en el que ya no solamente el té chai te hace revivir el evento traumático, sino que también te sucede con cualquier té, cualquier café, cualquier bebida... Y como quedar con amigos suele ir acompañado de tomar algo y eso te produce ansiedad, te aíslas socialmente. Y el aislamiento, en vez de reducir tu respuesta de ansiedad, la intensifica en presencia de los demás.

YO: Vale, pero ¿por qué reacciono con ansiedad cuando oigo que se rompe una copa?

AMIGO MUERTO: Fácil, los cristales rotos en la explosión, bro.

YO: En realidad, todo lo que dices tiene sentido, aunque creo que es un poco difícil llegar a ese razonamiento. Me resulta más fácil decir que soy PAS.

AMIGO MUERTO: Claro que es más fácil, por eso la gente renuncia a su pensamiento crítico y se apega a etiquetas descriptivas de un problema, creyendo que son la explicación del problema en sí.

5.2. ERES PAS SI...

A continuación, te voy a hacer unas cuantas preguntas. Por favor, coge papel y lápiz y responde «sí» o «no» con la mayor sinceridad posible, dado que tu respuesta condicionará si perteneces —o no— a una comunidad que goza de condiciones sobrehumanas. En caso de pertenecer a ella, cualquier problemita de conducta con una explicación funcional quedaría justificado, pero que lo obviaríamos o suprimiríamos bajo la etiqueta PAS. ¿De acuerdo? Vamos allá.

1. Me molestan los ruidos y las luces muy intensas.
2. Me identifico con términos tales como «serenidad» y «equilibrio».
3. Me hago cuestionamientos existenciales.
4. Me siento mal cuando otros se sienten mal.
5. Rumio mucho o sobrepienso.

6. Me gusta comer.

7. Me saturo cuando tengo muchas tareas acumuladas.

8. Muchas personas me consideran un *rarito*.

9. Me gusta estar solo.

10. Me gusta la cultura.

11. Suelo ser muy exigente conmigo mismo.

12. Soy consciente de lo que hay a mi alrededor.

13. Me siento incómodo cuando estoy rodeado de mucha gente.

14. A veces mis emociones fluctúan.

15. No me gusta la violencia.

16. Disfruto planificando cosas.

17. Me cuesta gestionar mis emociones.

18. Evito los conflictos siempre que puedo.

19. Sé aceptar una disculpa.

20. Me gusta vivir cosas novedosas.

21. Me gusta sentirme querido por otros.

22. No me gusta tener enemigos.

23. Me gusta que, si se hace un plan, la gente llegue puntual (yo incluido).

24. A veces siento que los demás no me escuchan/comprenden.

25. Prefiero que otras personas elijan por mí.

26. Intento ver el lado bueno de las cosas.

27. Pienso mucho.

28. Escucho más que hablo.

29. Me afectan las emociones de los demás.

30. No me gustan los debates antropológicos.

31. Cuando cometo un error trato de no volver a cometerlo.

32. **No me gusta sentirme mal.**

33. **Me percibo distinto a los demás.**

Si de las treintaitrés preguntas, al menos en diecisiete tu respuesta ha sido afirmativa… enhorabuena, ¡eres PAS! Bueno, también puede que hayas contestado como contestaría cualquier ser humano respecto a preguntas en las que lo extraño e inusual sería la respuesta contraria. Como organismo respondente a un entorno, te caracterizas —tú y toda tu especie— por emitir respuestas frente a determinados estímulos que —afortunadamente— te convierten en un organismo *sintiente*. Todas y cada una de estas respuestas que emites frente a un ambiente «x» tienen un objetivo: tu supervivencia. Podemos atribuirlo a un sistema nervioso extrasensorial, a un cerebro prominente —cerebrocentrismo— o a un ADN cuyas hebras están hechas de cuarzo citrino. Pese a cualquier atribución, respondes como lo que eres: un animal que interacciona con el mundo circundante. No obstante, ese mismo animal pertenece a una comunidad verbal, por tanto, puede argumentar que existen personas altamente sensibles y otras que no lo son; del mismo modo, una persona con bigote consideró, dentro de su comunidad verbal, que existían personas perfectas —en función de sus rasgos, su etnia y constitución— y otras, en cambio, no.

5.3. LA METÁFORA DEL BEBÉ SENSIBLE

—Mi bebé es muy sensible —comunica un padre al otro—, nada más nacer, se agarró con fuerza a un dedo de la mano de mi mujer (su madre) y nos asombramos; desde ese momento supimos que sería un niño muy cariñoso y empático. A veces lloraba cuando la luz impactaba en sus ojos bruscamente o al oír un ruido abrupto, entonces reconocimos que había algo en él que lo distinguía de los otros niños. A los cinco meses, mi mujer sufrió el fallecimiento de su madre. Intentó ocultar su tristeza, pero nuestro hijo lloraba más de lo normal. Fue ahí cuando nos dimos cuenta de que es tan empático que se fusiona con las emociones y los sentimientos ajenos. Por otro lado, cuando nos oía reír a mi mujer o a mí, él también se reía. Eso confirmó que, efectivamente, era capaz de sentir lo que otros sienten. A los siete meses pronunció, de manera un poco azarosa, la palabra «mamá». Mi mujer y yo nos quedamos atónitos. A los dos años ya hablaba casi como un adulto. Es cierto que desde bien pequeñito me preocupé de hablarle mucho, pero yo creo que su forma de hablar es muy especial; es un cerebrito, vamos. A lo largo de su infancia vimos que se comportaba de una manera muy distinta a la de sus compañeros de clase. Por ejemplo, se abrumaba cuando salía al recreo y veía a tantos niños corriendo. Con facilidad se enfadaba o se disgustaba cuando algún compañero no le dejaba el balón. Le costaba mucho reconocer lo que sentía y poner un nombre a sus emociones… En la adolescencia, ya cambiaron las tornas. Era un auténtico experto en identificar y nombrar todo lo que sentía, teníamos interminables debates filosóficos, y al finalizar me reconocía que muchas veces se sentía un poco solo, como si nadie lo comprendiera realmente, pero por otro lado también admitía que no le disgustaba la soledad, que con ella era capaz de reflexionar sobre muchos aspectos de la vida. Ahora que ya es adulto, he descubierto que mi hijo es una persona altamente sensible. Es un hombre responsable y muy afectuoso, con una capacidad empática sin igual, apasionado de la música, la poesía y cualquier expresión artística, muy

amigo de sus amigos (a veces tanto que se sobrecarga por los problemas de los demás y los hace suyos). También es un tanto perfeccionista y meticuloso. Le gusta ser puntual cuando tiene algún plan, le disgusta cometer errores y analiza muy bien la situación en la que ha fallado para no volver a equivocarse. Mi bebé es extraordinario, la verdad, tan sensible que por momentos me abruma. ¿Qué me dices de tu hijo?

—Bueno —responde el otro padre— mi hijo se ha comportado como el tuyo a lo largo de su vida, pero no considero que por eso sea altamente sensible. Lo considero humano. Ah... y otra cosa... ya no lo llamo «bebé».

5.4. ¿QUÉ ES «NO SER SENSIBLE»?

En la búsqueda de una definición precisa, concisa y completa de la palabra «sensibilidad», accedemos a la Real Academia Española de la Lengua (RAE) y encontramos, como primera definición, que sensibilidad es «Facultad de sentir, propia de los seres animados». (Real Academia Española, 2023).

No conformándonos con la previa definición —si bien, en esencia, define de forma fidedigna lo que es «sensibilidad»—, buscamos también en la RAE el verbo «sentir» y encontramos varias definiciones al respecto: «Experimentar sensaciones producidas por causas externas o internas», «Oír o percibir con el sentido del oído», «Experimentar una impresión, placer o dolor corporal», «Lamentar, tener por doloroso y malo algo», «Juzgar, opinar, formar parecer o dictamen» y «Padecer un dolor o principio de un daño en parte determinada del cuerpo», entre otras. (Real Academia Española, 2023).

Ajustándonos a las definiciones brindadas en cuanto al verbo «sentir» y encuadrándolas dentro del campo de las ciencias del comportamiento, podemos concluir que, o bien «sentir» es muchas cosas o bien es una sola.

La RAE sugiere que puede hacer referencia a: 1) la experimentación de sensaciones exteroceptivas o interoceptivas, 2) una respuesta auditiva, 3) la percepción del dolor y del placer y 4) la elaboración —subjetiva y moral— de juicios respecto de un evento.

Desde las ciencias del comportamiento sabemos que todas las definiciones ofrecidas por la RAE para el verbo «sentir» son, en esencia, lo mismo: la respuesta emitida por un organismo en presencia de un estímulo ambiental. *Experimentar sensacio-*

nes exteroceptivas se hace conforme a lo *extero*, es decir, al ambiente. *Experimentar sensaciones* interoceptivas es responder, de igual modo, a estímulos que localizamos dentro del cuerpo —de nuevo, el ambiente—, a los que el propio organismo responde. El hecho de *oír* un sonido corresponde a un estímulo auditivo. *Percibir dolor o placer* se ajusta a un estímulo aversivo o apetitivo. Por último, *emitir un juicio, una opinión o un parecer* respecto a un evento requiere el aprendizaje de emitir juicios, opiniones y pareceres; esto implica ser receptor de juicios, opiniones y pareceres externos con los que estar de acuerdo o discrepar, algo que a su vez exige el aprendizaje del habla; para ello, a su vez es esencial estar en contacto con un estímulo —una persona— del que pueda aprender el lenguaje. De manera que «sentir», sea como fuera que sintamos, no es más que la respuesta de un organismo a su entorno.

Como organismos respondentes a un ambiente, preguntarnos por la «ausencia de sensibilidad» implica preguntarnos por la «ausencia de respuesta», con lo cual el número de organismos *no sensibles* queda reducido a aquellos organismos que no viven. Otra cosa muy distinta es que dentro de la sensibilidad de la que todos gozamos por naturaleza —por y en pro de nuestra supervivencia— existan variaciones en el grado de sensibilidad ante ciertos estímulos. Supongamos que un adolescente responde con intenso miedo y malestar ante la presencia de los perros. En tal caso, deberemos atender a su historia de aprendizaje, ya que explica la presunta *variación* en su presunta *sensibilidad*, atendiendo a las variables disposicionales que predisponen su forma específica de *sentir*. Imaginemos a un padre sobreprotector; añadámosle una hipótesis de origen explicativo de por qué el adolescente responde con intenso miedo a los perros: una mordedura cuando era niño; y una hipótesis del mantenimiento de esta *sensibilidad*: supongamos que su padre lo cargaba en brazos y con un rostro asustadizo cada vez que aparecía un perro en el parque, y huían de la situación. En este caso, la respuesta del niño se mantiene en el tiempo en función de la evitación del estímulo «perro». En el ejemplo, este adolescente no es *más sensible que* nadie; ha aprendido a responder así frente a un estímulo específico al que otros adolescentes, por una historia de aprendizaje distinta, no responden de igual modo.

5.5. SENSIBILIDAD: DE RESPUESTA DE SUPERVIVENCIA A CONDICIÓN ESPECIAL

En palabras skinnerianas, «Una posible ciencia del sistema nervioso se basará más en la observación directa que en la deducción y describirá los estados nerviosos y los hechos que preceden inmediatamente a la conducta, (…) a su vez, descubriremos que estos hechos van precedidos de otros hechos neurológicos y estos, a su vez, de otros (…). Por ello, las causas que puedan buscarse en el sistema nervioso tienen una utilidad muy limitada para predecir y controlar una conducta específica». (Skinner, 1953). Sin embargo, lo que nos encontramos, tanto en quienes defienden su naturaleza/condición altamente sensible como en los autores que respaldan los hallazgos correlacionales —que no causales— entre «sensibilidad» y «sistema nervioso sensible», es una aparente explicación del comportamiento en base a una condición o a un rasgo.

Cabe recordar que la correlación entre dos acontecimientos no supone una explicación causal de los mismos. Veamos el ejemplo de un adulto que ejecuta conductas de maltrato hacia su cónyuge y que en el pasado había sufrido maltrato por parte de su padre; esta conducta no responde necesariamente a un gen *violento* hallado en ambos, sino a un aprendizaje vicario que ese adulto experimentó a lo largo de la infancia como estrategia unívoca de gestión emocional por parte de la figura paterna, unido a experiencias tardías en su adolescencia y adultez en las que, en ausencia del padre pero recurriendo a la violencia, obtuvo el favor de terceras personas. Asimismo, existen muchas otras variables ambientales —ignoradas por la «causalidad genética»— que median el origen y el mantenimiento de la conducta «maltrato». Pese a todo, hay infinidad de adultos que, habiendo sido receptores de experiencias muy similares, gestionan sus emociones y los desacuerdos conyugales con un amplio repertorio comportamental muy alejado del abuso de poder mediante el daño físico o verbal, aun compartiendo el mismo gen *violento* con sus progenitores. Podemos analizar qué variables han mediado en que estas personas —y el adulto del ejemplo anterior— se valgan de unas u otras estrategias y, presumiblemente, controlar futuras reincidencias en el adulto del ejemplo, y mantener la conducta vigente en aquellos que se han alejado del abuso de poder. Este análisis y la intervención corresponden a la modificación y predicción de la conducta propiamente dicha, algo que *a priori* no nos puede proporcionar un sistema nervioso «x».

No obstante, en lugar de batallar una guerra contra un bando que pertenece a mi misma comunidad —la científica— o, lo que es peor, batallar contra la población a la cual dedicamos la investigación científica en favor de una vida óptima, me decanto por volcar mis esfuerzos a lo que somos como especie. Somos organismos con extraordinarias habilidades que, hasta la fecha, nos han valido para edificar culturas, mejorar significativamente la salud y el bienestar de nuestra comunidad y para adquirir estrategias de autogestión emocional que disten del proceder de nuestros antecesores, entre otras muchas conductas. Esas —y no *sentir* más, menos o regular— son las condiciones que nos convierten en una especie particularmente adaptativa, si bien cualquier especie animal es particularmente adaptativa para su entorno.

Expresiones tales como: «Es que yo siento mucho», «Soy una persona que vive las emociones muy intensamente» o «Las cosas me afectan de más» conllevan que, invariablemente, coloquemos en un escalafón distinto —más alto o más bajo, según el punto de vista que escojamos— a personas de nuestra misma especie que, en base a las verbalizaciones previas, «no sientan mucho», «sean personas que no viven las emociones» o a quienes «las cosas les afectan más bien poco». En tal caso, es esta población *no sensible* la que debe ser considerada y evaluada como objeto de estudio, en tanto que *sentir* es lo propio de nuestra naturaleza humana, con sus respectivas variaciones individuales, y también los excusan sus respectivas historias de aprendizaje.

5.6. MI MANTRA DE ESCAPE ANTE EL CONFLICTO: «ES QUE SOY PAS»

A los dieciséis años descubrí el fascinante mundo de la meditación trascendental. Entiéndeme, para un chaval con ganas de comerse el mundo, viajar, descubrir y descubrirse, conocer algunas propuestas filosóficas como el budismo o el taoísmo constituían lo que en análisis de la conducta llamamos «un EC+» —estímulo condicionado apetitivamente, es decir, un caramelito—. Todo ello me ofrecía una cosmovisión completamente distinta de aquella con la que estaba familiarizado y, para qué engañarnos, también me aburría. Me aproximé a libros y a autores que me contagiaron su admiración por la meditación y los efectos que esta práctica parecía generar en el organismo. Justo a esa edad también dejaba atrás mi casa, mi pueblo, mis amigos y, sobre todo, mi zona de confort, para mudarme a la gran ciudad madrileña en pro de perseguir mi sueño como actor: dedicarme al mundo del teatro musical. Pese a que aquello que me motivaba al cambio era la persecución de ese sueño, no dejaba de tener miedo, un miedo que aún hoy, mientras escribo estas palabras, sigo experimentando.

Tuve que adaptarme a un ritmo de vida frenético en el que si no corres a todas partes no eres del todo madrileño. Tuve que aprender a hacer nuevos amigos, reinventarme, compaginar la formación académica con mi dedicación a las audiciones de teatro —en las cuales, dos de cada diez veces te daban un sí por respuesta, y si eras negro, solo una—. Tuve que enfrentarme a mis propios monstruos e inseguridades, los que salen por la noche, en soledad, cuando las luces se apagan.

Pero, en medio de ese cómputo de eventos estresores, *aparece* la meditación bajo una promesa: que puedo vivir cualquier emoción, pensamiento o experiencia sin fusionarme con ello, sin hipotecar mi identidad —todo lo que soy— a ninguna de esas emociones, pensamientos o experiencias. Esto significa que, a pesar de sentirme incompetente por no dejar de recibir negativas en los castings, el hecho de *sentirme* incompetente no me hacía *serlo*. También significa que, si el contenido de mis pensamientos o rumiación versaba sobre «Mi incapacidad para hacer amigos», la propia vida me ofrecería, antes o después, oportunidades para establecer vínculos significativos que desmintieran mi discurso encubierto. Lo que significa que la experiencia del *fracaso* no me convierte en un fracasado.

En otras palabras, la meditación ha sido, a lo largo de mi adolescencia y adultez temprana, una variable protectora respecto de problemas psicológicos que podría haber desarrollado con relativa facilidad, de no haber contado con dicha herramienta.

Ahora es cuando tú, lector, estarás un poco a cuadros, pensando para tus adentros: «Vale, pero... ¿y esto que tiene que ver con las PAS?». ¡Ahí voy, ahí voy! Lo contado hasta el momento son las ventajas de la práctica de la meditación. Hablemos ahora de sus desventajas. Uno de los recursos más extendidos dentro de la práctica de la meditación es el uso de algo llamado «mantra», que son palabras o sonidos reiterativos que, según la religiosidad intrínseca de las filosofías orientales, podrían tener un componente sagrado al ser pronunciados; sin embargo, a efectos prácticos, los mantras requieren la atención por parte de la persona que los emite —la misma atención que, hasta entonces, volcaba a sus rumiaciones—. En mi caso, me temo, querido lector, que abusé del uso de los mantras.

Ante cualquier experiencia que me causaba malestar —ya fuera un no en una audición, una amistad que se rompía o un pensamiento de fracaso—, no dudaba ni por un instante en volcarme a la repetición encubierta de *mi mantra* y casi de inmediato lograba una sensación que entonces llamaba «paz interior» y ahora llamo «sedación». El uso de un mantra personalizado, algo que presuntamente estaba ahí para ayudarme, pasó a ser mi estrategia unívoca de evitación experiencial del malestar o, dicho de otro modo, una conducta de escape de la realidad, por muy apetitosa, extracorpórea o «iluminativa» que fuese la *realidad* substitutiva.

Extrapolado al extraordinario mundo de los organismos que debido a su historia de aprendizaje han aprendido a responder de manera significativamente sensorial al entorno, con mucha facilidad pueden atribuir la emisión de determinadas conductas a su presunta *condición* altamente sensible. Así pues, ante su madre excusarán la propia irascibilidad con un: «Es que soy PAS», o su gusto por el arte y la música con otro: «Es que soy PAS», excusarán su respuesta de agobio ante los exámenes finales de la universidad con la misma frase: «Es que soy PAS», o su respuesta agorafóbica poscovid con: «Es que soy PAS», o su respuesta aversiva hacia estímulos sonoros tales como la sirena de una ambulancia a dos metros de distancia: «Es que soy PAS». Su comprensión empática para con otros, llegando a sentir —en cierta medida— lo que otros sienten, también se excusará con ese: «Es que soy PAS» o las discusiones de pareja que elicitan el enfado y la frustración porque el otro o la otra no cede a sus peticiones: «Es que soy PAS».

En otras palabras: sin ser ese organismo del todo consciente, ha caído en la apetitosa trampa de la circularidad, es decir, en exponer como la explicación de su comportamiento aquello que, en esencia, es un comportamiento que debe ser explicado; sin embargo, lo que resulta más perjudicial para su identidad —más allá de su presunta condición— es el aprisionamiento de esa identidad dentro de los márgenes de su etiqueta psico-diagnóstica que, en último término, constituye —igual que mi abuso de los mantras— una evitación experiencial.

La visión antagonista de los acontecimientos expuestos —y de la persona— es que se responde de manera irascible a la madre debido a lo que obtiene el organismo emitiendo tal irascibilidad: el favor de la madre para poder salir con los amigos y volver a casa pasadas las doce. El gusto por la música… es gusto por la música. El agobio que experimenta por los exámenes finales resulta de una historia de aprendizaje en la que, sintiéndose uno agobiado, se exige más a sí mismo y aprueba. La respuesta agorafóbica proviene de una privación social a causa de un virus que se contagia mediante el contacto humano, lo cual excusa el valor de supervivencia de emitir dicha respuesta. La comprensión empática —que le hace sentir a uno lo que sienten otros— tiene la función de estrechar vínculos con los seres de la propia especie poco después de haber superado una respuesta agorafóbica. Y el enfado está relacionado con lo que el mismo atesora: el favor de la pareja bajo ese estado emocional.

En efecto, esta visión *antagonista* —para según quienes— de la *sensibilidad* humana resta exclusividad a dicho humano y lo devuelve a la especie a la que pertenece, que, a modo de eslogan, se podría sintetizar más o menos así: «De PAS solo tienes la P».

6
¿QUÉ ES EL APEGO?

6.1. INTRODUCCIÓN: LA RESPUESTA DE APEGO

Hablemos del apego. Ahora está como muy de moda usar frasecitas como: «Paso de la gente porque soy "apego evitativo"» o «La necesito todo el rato porque soy "apego ansioso"», pero... ¿qué hay detrás de todo esto? Algo llamado «teoría del apego» que sugiere que el tipo de vínculo entre tu madre, padre o figura de protección y tú cuando eras niño determina cómo te relacionas hoy con los demás; sin embargo, la teoría cojea cuando descubres que existe una diferencia entre la causalidad y la correlación. Te pongo un ejemplo: Si ahora te enseño una foto de un gato sentado sobre un techo hundido, «causalidad» sería concluir que el peso del gato ha causado el hundimiento, mientras que «correlación» sería reconocer una relación visible entre las variables «gato» y «techo», sin descartar que el techo se podría haber hundido hace mucho tiempo a consecuencia de una tormenta de granizo y que justo después el gato usó ese hundimiento como asiento para contemplar tu necedad humana. Aun así, si eres de los que cree en la infalibilidad del apego más que en papá Dios, aquí dejo un resumen de sus principios:

1. **La disponibilidad de *mamá*:** si tu mamá atendió tus necesidades cuando eras pequeño, entonces no estás malito de la conducta. (NOTA: no hay que ser un lumbreras en etología para saber que un bebé precisa de cuidados para su desarrollo psicosocial).

2. **Las amenazas que *mamá* no controla:** si de niña estabas explorando un parque y un extraño se acercó a ti, se activó tu apego hacia mamá y dejaste de explorar/jugar. Cada vez que no hay amenazas fuera, tu apego se desactiva y sigues explorando/jugando. (Vamos, que, según la teoría del apego, tu conducta no es un continuo, sino un interruptor).

3. **La sensibilidad de *mamá*:** la calidad del vínculo depende de la sensibilidad de mamá respecto a las necesidades del bebé. Me la suda si el entorno de *mamá* refuerza que para sentirse una mujer *completa* tiene que ser madre; me la suda si está separada, sin apoyos sociales ni recursos económicos y con depresión posparto.

4. **Los apegos *malos*:** tenemos el apego evitativo —«Me da igual mamá, me gusta el parque»—, el apego ansioso-ambivalente —«Ni de coña voy a jugar si mamá no está disponible. ¡Ay, ahí está! Te odio»— y, por último, el apego desorganizado —«Te quiero, mamá. Vete. ¡Cómo mola ese parque! Me da miedo jugar…».

5. **Por tu culpa, *mamá*:** si tuviste un tipo de apego en la infancia, ese apego te perseguirá toda la vida. No importa que cambies de contexto, que cada relación sea un universo particular o que si sigues siendo ansioso quizá se deba a que así obtienes la atención del otro. La culpa siempre la tiene *mamá*.

Y ahora te pregunto: ¿Tienes apego seguro/ansioso/evitativo/desorganizado?, ¿o estás apegado a esa etiqueta para excusar una conducta de mierda que te brinda beneficios?

6.2. LA METÁFORA DEL NIÑO PERDIDO

En mi segundo año de carrera tuve un profesor de Filosofía que utilizó en clase una metáfora muy ilustrativa de lo que en psicología entendemos hoy en día por «apego». Nos habló a todos los niñatos que aspirábamos a ser psicólogos de algo que él denominó «libertad»:

«Si una madre, un padre o una figura de protección lleva a su hijo pequeño al parque de atracciones por vez primera, la reacción del pequeño será, muy probablemente, del más absoluto asombro ante todos los estímulos circundantes. Debido a tal asombro, iniciará una exploración de este entorno tan sumamente apetitivo para él, llegando a experimentar algo que podemos llamar "libertad". El niño tendrá un brillo especial en los ojos, ganas de correr, saltar, experimentar, inventar, crear y recrearse en ese momento. Sus padres, por su parte, serán testigos de ese estado de euforia y lo celebrarán con su hijo, acercándoselo en momentos puntuales para compartir su felicidad y distanciándose en otros instantes para que el pequeño experimente cierto grado de autonomía. No obstante, el niño se volverá cada cierto tiempo para buscar a sus padres y, una vez los ubique, reanudará su juego y exploración. Ahora bien… ¿qué sucedería si en una de esas ocasiones el niño se volviera y ya no encontrara a sus padres? Pues lo que hasta ese momento era el culmen de su felicidad trascendería a horror».

Si bien discrepo del término «libertad» que utilizó mi profesor de Filosofía para referirse al estado emocional del niño cuando descubre el parque de atracciones —porque yo lo llamo «respuesta apetitiva»—, coincido con él en lo que pretende reflejar con esta metáfora. Como seres vulnerables que somos —especialmente en nuestra infancia—, cada mínima exploración que ejecutamos respecto de un entorno que inicialmente nos resulta extraño, desconocido o incluso *sospechoso* —sospecha que tiene un indudable valor de supervivencia frente a posibles amenazas—, la garantía de una figura de protección que respalde mis exploraciones dispone que las lleve a cabo, ya que, ante la aparición de amenazas, esa figura procurará mi supervivencia. Su presencia, por ende, me resulta imprescindible.

Ahora bien, considerar que, debido a que papá o mamá se ausentaron en ese parque de atracciones cuando tenía dos años, veinticinco años después me relaciono de manera ansiosa con mis relaciones significativas a causa de ese evento equivale a obviar por completo el peso del cómputo de vivencias que van más allá de mi infancia; también implica obviar el peso de las variables mantenedoras en el presente de mi *modus operandi* relacional —por ejemplo, el hecho de que mi pareja renuncie a cualquier plan para evitar que tenga ansiedad, lo que, de hecho, mantiene mi *modus operandi* relacional ansioso-ambivalente.

Afortunadamente para la especie —y desafortunadamente para nuestras narrativas socioculturales, que tienden a considerar nuestras conductas de mierda una causalidad atribuida a las no muy eficientes herramientas de nuestros progenitores o figuras de protección—, nuestro comportamiento está continuamente expuesto a ser modificado —o no— en función de las condiciones ambientales que requieran o promuevan su mutación en pro de nuestra supervivencia, de modo que el discurso causal atribucional a nuestros padres es un mantenedor más de la conducta de mierda.

6.3. EL APEGO: DE RESPUESTA DE SUPERVIVENCIA A HACER *MATCH*

John Mostyn Bowlby, una de las figuras psicoanalistas más representativas e identificativas de la teoría del apego, decía: «En pocas palabras, la tesis de esta conferencia es que si queremos ayudar terapéuticamente a un paciente, es necesario que le permitamos considerar en detalle cómo sus modos actuales de percibir y tratar con personas emocionalmente significativas, incluido el terapeuta, pueden estar siendo influenciados y quizá seriamente distorsionados por las experiencias que tuvo con sus padres durante los años de su infancia y adolescencia y algunas de las cuales quizá continúen en el presente». (Bowlby, 1976).

A partir de ese momento, miembros de la comunidad científica dan cabida para que la población a quien va destinada su cauteloso ejercicio tenga justificación respecto de cada uno de sus comportamientos. La adolescente de dieciséis años que en su primera relación experimenta celos cuando su pareja no responde a los mensajes de WhatsApp excusa sus conductas de comprobación —por ejemplo, llamarlo doscientas veces seguidas, contactar con sus amigos o presentarse en su casa— en un apego ansioso-ambivalente que experimentó con su figura paterna. El adulto que lleva dos años casado con su mujer excusa su *inevitable* infidelidad con mujeres cincuentonas en un apego evitativo por parte de la propia figura materna, quien no supo gestionar adecuadamente la lactancia y estar disponible para él. El hombre homosexual es homosexual porque la figura materna fue excesivamente protectora, de lo que se deduce su presunta feminidad, sensibilidad y el amaneramiento —lo cual, por cierto, poco o nada nos dice de una orientación «x» o «y»; sin embargo, así lo sospechamos.

Es evidente que estas interpretaciones causales del comportamiento humano nos brindan «salseo», además de ofrecernos una extraordinaria sensación de alivio y exculpa. He ahí la función, ya no de la conducta «celos», «infidelidad» y «orientación sexual», sino del discurso atribucional de las mismas a un papá y una mamá presuntamente incompetentes; o, lo que es lo mismo, considerar que así: «La bola ya no está en mi campo».

Sin embargo, tal como sugiere Skinner: «Las contingencias de supervivencia no pueden producir un comportamiento útil si el ambiente cambia sustancialmente de generación en generación, pero han evolucionado ciertos mecanismos en virtud de los cuales el individuo adquiere durante su vida el comportamiento adecuado al nuevo ambiente». (Skinner, 1974).

En otras palabras, el comportamiento humano cambia y lo hace en función del propio beneficio o de la supervivencia. De no hacerlo, es decir, si nos mantuviéramos estancados en una etapa evolutiva concreta, estaríamos condenados a repetir conductas que poco pueden ofrecernos en pro de la adaptación a ese ambiente siempre cambiante y, por ende, exigente de determinadas respuestas.

Un análisis funcional —que no correlacional— de la conducta de estos sujetos no prestaría especial atención a la lactancia de mamá cuando yo era un renacuajo o a la desaparición de papá —que se fue a por tabaco y no volvió—, sino a la *función* de la conducta aquí y ahora; es decir, se preguntaría para qué el sujeto ejecuta tal conducta. De este modo, advertiría que la adolescente que experimenta celos y envía doscientos wasaps a su novio obtiene de él la respuesta de abandonar cualquier actividad que esté realizando en ese momento —incluso si la misma consiste en que efectivamente le esté poniendo los cuernos a su novia— y acuda a su casa para aliviar su malestar —lo que, a su vez, le brinda a él mismo la sensación de estar siendo el mejor novio del mundo—. O sea, los dos ganan.

Un análisis funcional de la conducta «infidelidad» también abogaría por analizar el aquí y el ahora del adulto que la ejecuta, alertando que, en primer lugar, su conducta verbal interfiere en la probabilidad de emisión de la infidelidad en la medida en que se refiere a ella como *algo inevitable*. Variables tales como las reglas socio-verbales —es decir, las creencias de la sociedad a la que pertenece— también tendrán algo que decir sobre la infidelidad cuando: «Es que los hombres siempre estamos cachondos y, si una tía no nos da lo que queremos, no podemos resistirnos a buscarlo en otro lado». Todo ello, unido al hecho de que cinco años de noviazgo, más dos de casados, dan para muchas cosas —incluida una crisis— y al hecho de que, en un hipotético y poco verídico universo paralelo, un buen porcentaje de hombres heterosexuales cisgénero plantean dificultades para comunicar sus deseos y necesidades a sus parejas, lo cual suplen con actividades extraescolares erótico-festivas para tener una sensación de ser el «puto amo».

En el caso anteriormente expuesto sobre el hombre homosexual, permítaseme analizar lo que, de hacerse, podría llevarse a cualquier orientación sexual. Me ahorraré párrafos y simplemente expondré que las personas tenemos gustos variados.

No obstante, Diego y Carla discrepan y se enfadan conmigo y mi escepticismo porque, según ellos, tienen evidencias de sobra para demostrar que *sus* tipos de apego son reales. Se conocieron en una app de citas. Cada uno tenía en su perfil una minuciosa descripción de sus gustos, aficiones, del signo del zodiaco y del propio tipo de apego. Diego asegura que *es* apego evitativo, y Carla, en cambio, *es* apego ansioso-ambivalente. Destaco el verbo «ser» porque hace «independientemente de» aquello que, en esencia, tan solo es «en función de». Pero no nos adelantemos.

CARLA

Carla: Yo he sido toda mi vida apego ansioso. Diego no es mi primera pareja, ni mucho menos, he tenido más novios, y con todos he tenido los mismos problemas.

Terapeuta: De acuerdo, ¿qué problemas?

Carla: Pues que demandaba muchísima atención todo el rato, o sea, cada vez que me sentía un poco insegura de la relación o me daba por pensar que él me iba a dejar por otra, me ponía fatal y se lo decía.

Terapeuta: ¿Y qué hacían ellos al respecto?

Carla: Pues... a veces me decían que me tranquilizara, que si estaban conmigo era porque me querían... Pero otras veces, directamente me ignoraban por completo y me dejaban en «visto» en WhatsApp.

Terapeuta: ¿Se comporta Diego de la misma manera?

Carla: Es igualito a todos mis ex. Alguna que otra vez, cuando yo estoy mal o pienso que todo se va a acabar, me asegura que eso no es verdad, que me quiere y que le gusta estar conmigo, pero luego no sé qué le pasa, que hay días que no se comunica nada. Podemos estar un día entero sin hablar, que a él le dará igual.

Terapeuta: ¿Y tú qué haces en esos casos?

Carla: Me pongo fatal. Le escribo mil mensajes, le llamo, pero no me lo coge... Entonces empiezo a hiperventilar y a sentirme como una mierda... Hasta que de repente me contesta y me dice que todo está bien y ya me relajo, pero hasta que llega ese momento estoy súper pendiente.

DIEGO

Diego: Iré al grano. Carla me gusta, me parece que está muy buena y el sexo es genial con ella, pero me agobia que flipas.

Terapeuta: ¿Qué te agobia de su comportamiento?

Diego: Pues que está en modo «control» todo el rato... A mí me gusta fluir, ¿sabes? O sea, vale que a veces necesites que la persona que te gusta te diga que te quiere y esas cosas, pero no 24/7.

Terapeuta: ¿Se lo has expresado alguna vez?

Diego: Qué va. Si se lo digo, la destrozo.

Terapeuta: ¿No crees que hablar esto con ella podría servirle para, de algún modo, autorregularse en cuanto al número de veces que necesita que le confirmes que la quieres?

Diego: Sí, puede... Pero me da pereza tener esa conversación. No sé, a mí lo que me agobia es que me da la sensación de que esta chica quiere boda directamente, y a mí eso me da mucho miedo.

Terapeuta: ¿Te ha ocurrido anteriormente con otras chicas?

Diego: Me ha pasado con todas. Estoy un tiempo con ellas y de repente me entra la rayada. No sé si realmente estoy porque me gusta o si estoy por estar, y si encima ellas me agobian con tanto mensajito. Pues ¿qué quieres que haga? Desaparezco.

Terapeuta: ¿Dirías que esto se corresponde con un apego evitativo?

Diego: ¡Qué va! No es apego evitativo, es evitación a secas. Lo de apego lo puse en la descripción de la app de citas porque, como es *trending topic*, me he dado cuenta de que las tías se interesan más en ti si lo pones.

Más allá de que el terapeuta en cuestión se quedaría a cuadros tras una entrevista con cada miembro de la pareja, las verbalizaciones de Carla y de Diego le servirán de cara a un análisis funcional de la conducta «ansiosa-ambivalente» de Carla y la conducta «evitativa» de Diego.

En primer lugar, alertará que en la historia de aprendizaje de Carla el cómputo de relaciones sentimentales que la consultante ha vivido se ha caracterizado por un reforzamiento intermitente, promoviendo en ella una clara dependencia emocional respecto de sus parejas, unido a una férrea creencia o regla verbal: «Si no compruebo todo el rato que él me quiere, en cualquier momento me puede dejar por otra». Además, todas esas comprobaciones brindan a Carla una falsa sensación de control respecto a lo que esté viviendo sexo-afectivamente, pese a que en realidad produzcan rechazo en sus vínculos; esto, en efecto, confirmaría su hipótesis inicial de: «Me dejará por otra». En pocas palabras, Carla está ejecutando estrategias que, lejos de garantizarle el control al que aspira, le garantizan la confirmación de sus miedos, una vez tras otra, relación tras relación. De repente llega Diego a su vida y… ¿qué podemos esperar de su comportamiento inicialmente? La reiteración de los mismos hechos, dado que así es su aprendizaje relacional. Una posibilidad de que Carla ejecutara una conducta distinta implicaría —además de ir a terapia— que la variable «Diego» discrepara de los vínculos anteriores de la consultante —es decir, brindarle un entorno distinto que exigiera un cambio de conducta—. Carla no *es,* por ende, apego ansioso-ambivalente *independientemente de* la relación, sino *en función de con quién* está viviendo esa relación.

En el caso de Diego, vemos a un chaval que rehúye el compromiso, dado que, por su historia de aprendizaje —es decir, relaciones sentimentales en las que sus parejas sexoafectivas han sido demandantes y controladoras, lo que ha supuesto al consultante consecuencias negativas—, ha condicionado aversivamente estímulos tales como que su novia le hable frecuentemente, le pregunte si él la quiere o le llame de vez en cuando; esto produce en él, por tanto, una respuesta de malestar y agobio. En pro de paliar el agobio que experimenta, su conducta será la de evitar entrar en contacto con esos estímulos en cuanto los identifique. Una posibilidad de que Diego deje de ser evitativo sería —además de la terapia— que la variable «Carla» suscitara en él algo distinto a la aversión, el malestar o el agobio; esto promovería su cercanía hacia Carla, no su distanciamiento. Diego no *es,* por ende, apego evitativo *indepen-*

dientemente de la relación, sino *en función de con quién* está viviendo esa relación.

En ambos casos, papá y mamá no tienen nada que decir sobre la manera en que se relacionan Carla y Diego en el presente.

6.4. ¿SOMOS ALGO MÁS QUE UN TIPO DE APEGO?

Imagínate un molde de barro entre tus manos con el que aspiras a hacer una vasija —sí, a lo *Ghost*, pero sin ñoñerías ni música melodramática—. Ahora vuelve a imaginarte que al observarlas descubres que no son tus manos actuales, sino las que tenías a los seis años. ¿Qué tipo de vasija harías?, ¿cuál sería su forma?, ¿moldearías la vasija tú solo o te ayudaría un adulto sosteniéndote las manos? ¿Qué música de fondo sonaría?, ¿una infantil? Es más que probable que, siendo tan pequeño/a, la vasija adquiera una forma asimétrica o incluso amorfa, más que justificada en función de tu etapa evolutiva y de aspectos cognitivos tales como la ausencia de pensamiento abstracto propia de la edad.

Ahora imagínate que te vuelves a colocar frente a un molde de barro y tus manos corresponden a la edad de diecisiete años. Suena de fondo una canción de heavy metal y dedicas buena parte de tu tiempo a moldear vasijas, ya que se ha convertido en tu nueva afición tras la ruptura con tu novio/a; durante esta época te sientes en la mierda. Te obsesionas con cada detalle y dibujo, y evitas a toda costa que tus padres intervengan o te digan cómo la tienes que hacer. Procuras que no haya ninguna vasija igual que la tuya, porque eso te brinda

TODA UNA VIDA EN LA ALFARERÍA

con 6 años

con 17 años

con 23 años

con 29 años

con 44 años

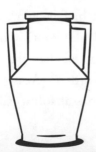

con 58 años

esa sensación de individualidad que buscas, precisamente, en la etapa evolutiva llamada «adolescencia».

Te vuelves a mirar las manos y tienes veintitrés años. No ha transcurrido tanto tiempo desde que moldeaste la última vasija, pero en esta ocasión tienes una filosofía de vida más zen. Estás en modo *chill* y te tomas el trabajo del moldeamiento como una tarea de *mindfulness*, es decir, de entrenar la atención plena. ¿Qué forma eliges para la nueva vasija?, ¿a quién se la vas a regalar?, ¿estás tan volcado en resaltar tu individualidad con ella o lo haces por pura diversión y entretenimiento? ¿Qué música escuchas?, ¿Enya, quizá?

A los veintinueve años decides hacer tu cuarta vasija. En esta ocasión, es una manera de destensarte de la saturación laboral. Te pones una pieza de música clásica de fondo e incluso te animas a compartir el trabajo con tu pareja, quien —ahora sí, a lo *Ghost*— te abraza por detrás, moviendo en sincronía vuestras manos. Te percatas de que ya no es tan importante la vasija y la forma que tenga finalmente, como cuán placentera y nutritiva resulta la actividad al compartir tiempo de calidad con tu pareja.

Tienes ahora cuarenta y cuatro años. Mírate las manos. ¿Cómo son?, ¿qué textura tienen? ¿En qué piensas mientras moldeas la vasija?, ¿en algún familiar que ha fallecido?, ¿algún duelo no cerrado?, ¿alguna experiencia de desamor? ¿Cómo es tu vida?, ¿buscas el orden y la tranquilidad en ella?, ¿hasta qué punto refleja tu vasija esa búsqueda de orden? ¿Acaso tienes música puesta?, ¿o has optado por el más absoluto silencio para no perder la concentración?

Quiero que te mires las manos una última vez. En esta ocasión tienes cincuenta y ocho años. Nota que las arrugas parecen mapas que te cuentan tus experiencias vitales. ¿Te tiemblan las manos?, ¿te cuesta mantener los brazos suspendidos en el aire? ¿Cómo es tu vasija?, ¿qué forma decides darle?, ¿una compleja o, por el contrario, simple? ¿Qué quieres reflejar con ella?, ¿cuál es tu filosofía de vida en este momento? Quizá la sencillez de las cosas, un estilo de vida minimalista y la búsqueda de pequeños momentos satisfactorios sean los que favorezcan una vasija sin formas concretas ni dibujos específicos. Simplemente, una vasija.

Pues bien, ¿en función de qué variables adquiere la vasija una forma u otra?, ¿en función de qué variables son elementos característicos de esa vasija su forma y decoración, la precisión o el amorfismo? No solo en función de la etapa evolutiva del individuo, es decir, según los hitos comportamentales característicos de la edad, sino de las experiencias particulares que ese individuo experimenta en dicha etapa.

El adolescente de diecisiete años utiliza la alfarería como estrategia para distraerse y no pensar en la ruptura amorosa con la novia. El adulto de cincuenta y ocho años opta por una vasija sencilla, reflejo de su filosofía minimalista, la cual no es más que el producto de un cómputo de experiencias vitales que lo han llevado a optar por la sencillez.

En otras palabras, más allá de la persona, es su ambiente lo que moldea la vasija.

6.5. ¿CÓMO EVITAR ESTA CATÁSTROFE?

Cuando Carla y Diego se descubrieron en la app de citas, primero se fijaron en la descripción del otro para saber por dónde iban los tiros; esto significa anticipar acontecimientos, prevenir y, en última instancia, tener una —falsa— sensación de control respecto a lo que sea que ocurra entre ellos.

Lo interesante es analizar cómo se comportan el uno con el otro a partir de esa anticipación; es decir, alertar si Carla, una vez sabe que Diego *es* apego evitativo, ejecuta conductas tales como: prestar especial atención a su ausencia o a la demora en responder a los mensajes, al nivel de afectividad que muestra con ella, al nivel de dificultad que tiene él para hablar de sus sentimientos y experiencias sexoafectivas previas… En pocas palabras, Carla hipervigila el comportamiento de Diego para averiguar hasta qué punto son verdaderamente compatibles.

A su vez, también sería interesante analizar si Diego, una vez conoce el apego ansioso-ambivalente de Carla, ejecuta conductas tales como: no hablar de sus sentimientos en la primera charla —«No vaya a ser que ella se haga ilusiones y me pida matrimonio», se dice a sí mismo—, no profundizar en exceso respecto a ningún tema, evaluar cómo y cuánto escribe la aspirante a novia, deducir de ello su nivel de ansiedad y dependencia emocional y contrastarlo con sus experiencias sentimentales previas… En otras palabras, Diego hipervigila el comportamiento de Carla para averiguar hasta qué punto son verdaderamente compatibles.

Sin lugar a duda, ambos son compatibles en cuanto a una cosa: las conductas de control que ejecutan. No obstante, son incompatibles con respecto a lo que esperan que haga o *sea* el otro. Aun así, se atreven a seguir conociéndose en pos de confirmar sus respectivas hipótesis sobre «los apegos que no van conmigo». Toda esta cadena de conductas poco o nada tiene que ver con la curiosidad, el asombro, el hecho de *dejarse sorprender por* o incluso el de atreverse a *ser alguien más allá de*; más bien guardan relación con un deseo de confirmación de hipótesis o, lo que es lo mismo, con el sagrado *tener la razón*, hechos que suelen regir un buen porcentaje de comportamientos en las relaciones humanas. Parece obvio que una manera de evitar esta catástrofe —entendiendo «catástrofe» como la negación de conocer y descubrir a otro ser humano ignorando su estilo de apego y adentrándose en su historia de aprendizaje, sus aspiraciones, ambiciones, su filosofía, la ideología política, los talentos que posee, sus defectos y deseos, el estilo de comunicación, su profesión, etc.— es que Diego y Carla den el paso —con el respectivo acompañamiento psicológico, si así procede— de conocerse el uno al otro *realmente*; es decir, sin interponer sus etiquetas diagnósticas en la relación, algo que, sin lugar a dudas, requerirá mucha comunicación, empatía, simpatía, disposición al cambio y, por supuesto, la posibilidad de una conclusión: «No somos compatibles —o sí—, con independencia del tipo de apego que tenemos».

7
¿QUÉ ES LA PERSONALIDAD?

7.1. LA METÁFORA DEL ABANICO DE COLORES

En mi país de origen (Cuba), los abanicos son una extremidad más del cuerpo humano. Evidentemente, hablamos de un utensilio que cumple una función: aliviar del calor húmedo insoportable que, con frecuencia, caracteriza a la isla. Imagínate que, en un día de verano con temperaturas superiores a los 40 °C y sin la disponibilidad de un ventilador o aire acondicionado, optaras por intentar refrescarte con un abanico cerrado. Es probable que te sintieras algo limitado —por no decir «idiota»— en cuanto a la satisfacción de una necesidad. De igual modo, imagínate desplegando tu abanico en Islandia, a -20 °C. Es probable que tú o tu entorno advirtierais que esta acción carece de sentido y de utilidad, ya que ¿de qué cojones te estás refrescando? —obviemos variables biológicas, tales como una condición menopáusica—. Tu abanico, por ende, es una herramienta que desplegarás o te guardarás en el bolsillo en función de una variable meteorológica u orgánica: en función de que haga —o sientas— calor o frío.

Digamos ahora que el abanico es tu personalidad y que las variables meteorológicas constituyen tu entorno circundante. Comportamientos tales como mostrarte sociable o extrovertido, participativo o comunicativo tendrán mayor probabilidad de ocurrencia bajo entornos y condiciones socioambientales que eliciten o favorezcan la aparición de dichas conductas —por ejemplo, en el salón de casa, jugando a la consola junto a tu grupo de amigos de toda la vida; o con tu pareja, de vacaciones en las Maldivas—, mientras que otro repertorio comportamental —por ejemplo, el retraimiento, la introversión, la timidez o la dificultad para comunicar algo— tendrá más cabida en entornos y condiciones socioambientales que inhiban la ocurrencia de las conductas anteriores —por ejemplo, el primer día de trabajo en una oficina en la que el resto de empleados, con la vista fija en la pantalla del ordenador, apenas se comunican entre sí—. En otras palabras, ponemos en marcha ciertas estrategias en función del contexto en el que nos ubicamos —igual que usaríamos un abanico o no en función del calor o frío que experimentáramos—; no es que tengamos dos personalidades coexistiendo en un solo organismo o, como ahora refieren las pseudociencias, un *yo verdadero* y su *ego*, batallando por subsistir.

> Tal como afirma Skinner: «La persona es un organismo, un miembro de la especie humana que ha adquirido un repertorio de comportamientos (...). Contingencias complejas de comportamiento crean repertorios complejos y, como ya hemos visto, contingencias diferentes crean personas diferentes, bajo una misma piel (...) lo importante es lo que sucede cuando se adquiere un repertorio. La persona que afirma su libertad diciendo: "Yo determino lo que he de hacer", está hablando de libertad en, o libertad a partir de una situación actual. El yo que de esta manera parece tener una opción es el producto de una historia de la cual no es libre y que, de hecho, determina lo que la persona hará posteriormente». (Skinner, 1974).

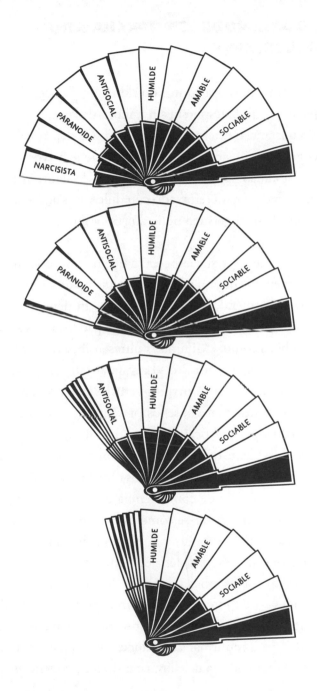

7.2. EL PELIGRO DE «SIEMPRE HA SIDO INTROVERTIDO»

> «Un niño que haya adquirido el mando ¡Dulce! puede emitir la respuesta sin importarle las circunstancias externas, y así lo hará si la deprivación es grande. Sin embargo, la respuesta tiene mayor probabilidad de aparecer en presencia de alguien que previamente haya reforzado con dulce, y es aún más probable si tal persona tiene dulces». (Skinner, 1957).

A veces me gusta prestar especial atención a lo que madres y padres tienen que decir de sus hijos —que no de sus comportamientos o de quién los han aprendido—. Entiéndeme, si tú y yo estamos en una reunión de madres y padres, estos se referirán a sus hijos como: «Mi niño *es* ultrasensible», «El mío *es* tan testarudo como su padre» o «La mía *es* tan temperamental como su madre», y otras perlitas verbales que no dejan a esos niños indiferentes; es decir, se los presenta ante el mundo bajo un repertorio muy específico de comportamientos —y no otros—. Es evidente que las verbalizaciones de sus progenitores no caen al vacío, sino que los mismos obtienen algo al emitirlas: quizá, una sensación de competencia maternal y paternal, ya que: «Yo mejor que nadie sé cómo es mi hijo, lo que confirma mi hipótesis sobre lo atento y buen cuidador que soy». Todo ello se expone de cara a la galería de padres que anhelan que sus hijos sean los más especiales de todos —a ser posible, con altas capacidades—. En este punto, debemos preguntarnos: ¿A qué conductas emitidas por sus hijos prestarán especial atención esos padres para confirmar sus deducciones?, ¿qué resaltarán de sus hijos y en presencia de ellos, cuando los pequeños se com-

porten tal como deducían sus progenitores delante de otros padres? Y quizá aún más importante: ¿Qué alertarán esos hijos sobre el comportamiento de sus padres cuando el suyo propio confirme sus verbalizaciones?, ¿quizá la atención que constantemente esperan obtener de ellos? De ser así, la conducta del niño empezará a delimitarse —moldearse, por así decirlo— en base a la obtención de la atención que recibe inmediatamente después de emitir dicha conducta. Si mamá no me hace ni puto caso cuando sencillamente juego con mi camión, pero cuando ilustro un ataque de ira sí que interviene, me abraza, me dice lo especial que soy y me da muchos besitos, quizá no es que yo «*sea* tan malhumorado como papá», sino que ejercer una conducta malhumorada me refuerza.

Sustituyamos, no obstante, el término «malhumorado» por el término «introvertido» en pro de justificar el título de este capítulo y a sabiendas de que los principios del aprendizaje se extrapolan a cualquier conducta humana. Lo que cambiaría en este caso sería la verbalización emitida por mi progenitor, quien alertaría: «Mi hijo es muy introvertido», justificando su respuesta en todas aquellas ocasiones en las que, al acudir a un sitio nuevo —por ejemplo, un parque lleno de niños desconocidos— su hijo responde con retraimiento social, agarrando con fuerza el brazo de su padre. La idea de que papá me presente a estos niños es una buena estrategia, un primer paso, en tanto que un estímulo conocido y confiable —papá— media en una situación estresora —la propia interacción social—. Otra cosa muy distinta es que sea papá el que hable por los codos, juegue con los niños y se tire por el tobogán mientras yo me dedico a quitarle pétalos a una margarita en la esquina del parque para saber si papá me quiere o no me quiere. En el segundo caso, toda posibilidad de aprender a relacionarme desde mi individualidad es nula, tanto si tengo miedo como si no, sienta rechazo o no, experimente o no una respuesta de ansiedad; es nula siempre que el ambiente exija de mí la aparición de un repertorio comportamental novedoso. Pero, bueno, al menos confirmo la hipótesis de papá: «Es que soy muy introvertido».

Extrapolemos ahora este evento aislado de la etapa infantil a otros hitos evolutivos o momentos vitales de la persona. Pongamos que ese niño crece y es ahora un adulto de veinticinco años que, pese a haberse visto expuesto a situaciones inicialmente estresoras —el primer día de universidad, la primera cita amorosa, la primera exposición en clase, la primera entrevista de trabajo, la primera cena de empresa…—, poco a poco logra sustituir su conducta retraída y reservada por otra un tanto más sociable y participativa. Ese adulto reconocerá que el ambiente y la exposición a eventos estresores, junto a los propios miedos, han tenido algo que ver con su cambio comportamental; sin embargo, también es probable que cuando se presente una situación novedosa para él —presumiblemente aversiva—, procure recular en vez de enfrentarse a ella, excusando su retraimiento en que: «Siempre he *sido* una persona introvertida». Esta verbalización —encubierta o manifiesta— no es una verbalización a secas. Actúa, de manera simultánea, como autodiagnóstico, autoinstrucción y evitación experiencial. Es autodiagnóstico en tanto en cuanto ese adulto es capaz de darse a sí mismo una aparente *explicación* de por qué se comporta así —en realidad, ya sabemos que no se trata de una explicación, sino de una descripción de la conducta; recordemos que es la introversión lo que ha de ser explicado, no la explicación—. A su vez, es autoinstrucción porque, en base al autodiagnóstico que se brinda a sí mismo, cree tener un respaldo más o menos empírico para justificar su evitación experiencial; es decir, no exponerse a la experiencia novedosa. En última instancia, de no contrarrestarse esa evitación experiencial con una exposición gradual a tal experiencia, se incrementará la respuesta de ansiedad y el malestar frente a futuras situaciones novedosas que requieran su participación, lo cual dificultará cada vez más la exposición de ese adulto a tales situaciones, de modo que se confirmará así su hipótesis inicial de: «Efectivamente, *soy* introvertido». En pocas palabras, el discurso de papá y mamá sobrevivirán, después de tanto tiempo, dentro del discurso del hijo.

7.3. EL PELIGRO DE «SIEMPRE HA SIDO UN TRASTO»

«La conducta continúa teniendo consecuencias y estas siguen siendo importantes. Si no se siguen produciendo, tiene lugar la extinción. Cuando pasamos a considerar la conducta de un organismo teniendo en cuenta toda la complejidad de su vida diaria, necesitamos estar siempre alerta a los refuerzos que mantienen su conducta. En realidad, nos interesa tan solo la probabilidad presente de ocurrencia, que puede entenderse únicamente mediante un examen de las contingencias normales de refuerzo». (Skinner, 1970).

En la observación del comportamiento de un/a niño/a que lo rompe todo a su paso, manosea lo que explícitamente se le ha

es que siempre has sido un trasto

dicho que no toque y, a fin de cuentas, desobedece las normas establecidas en casa, es común considerar intrínseco a su naturaleza *algo* que dispone su desobediencia.

A veces, para respaldar nuestras hipótesis, comparamos su comportamiento al de otros niños; es posible que *esos otros* niños sean sus propios hermanos, de lo que se deduce que: «Todos han sido criados en la misma casa y bajo las mismas normas, pero él, en cambio, se comporta así, por lo que su comportamiento disruptivo es innato». Automáticamente delegamos en la genética el peso de todo un repertorio comportamental, llegando a verbalizar: «Yo, es que ya no sé qué hacer con él». El niño/a, por ende, se sigue comportando de la misma forma y sus cuidadores continúan emitiendo una misma respuesta verbal basada en el descontento y la resignación, y aplicando, pese a todo, las mismas estrategias que han efectuado hasta la fecha. Ahora bien, ¿cuáles son esas estrategias?, ¿son sus cuidadores conscientes de los refuerzos que mantienen la conducta de su hijo/a? Analicemos, con un ejemplo, las contingencias de la conducta disruptiva en el caso de Carlitos, un niño de seis años que pertenece a una familia de clase media-alta, con un padre abogado, una madre psicóloga y dos hermanas mayores, Lucía y Candela, de trece y quince años respectivamente.

Los padres de Carlitos —especialmente, su padre— anhelaban mucho tener un hijo. Sin embargo, sus dos primeros embarazos no satisficieron ese deseo. Pese a todo, se volcaron en la crianza de Candela y posteriormente en la de Lucía; se dieron cuenta —especialmente, la madre— del trabajo que requiere criarlas a ambas. El padre, Carlos, pasaba mucho tiempo fuera de casa por cuestiones de trabajo, de modo que el mayor peso de la crianza recayó en su mujer, Alicia. Al cabo de unos años, Carlos empezó a ausentarse cada vez más de casa. Dedicaba muchas horas al trabajo y apenas veía a sus hijas y a su mujer. Alicia, que se había criado en el seno de una familia religiosa, contenía su dolor y se esforzaba el doble por ser un buen referente para sus hijas y una esposa paciente para con su marido; hasta que un día, haciendo limpieza en la habitación-despacho de Carlos, reconoció unos pendientes que no eran suyos y un olor a perfume de mujer que embadurnaba el cuarto. Carlos, arrepentido y avergonzado, hizo todo lo que estaba en su mano por recuperar la confianza de su mujer, pero nada surtía efecto. Solo cuando le propuso tener un tercer hijo, ella asintió y recuperó el brillo en sus ojos. Carlitos fue el producto de estos acontecimientos. Fue, por así decirlo, la promesa que se hicieron Carlos y Alicia para recuperar el amor y la confianza. Cuando el pequeño de la familia nació, ambos progenitores se volcaron el doble en la crianza de este. Carlos redujo la jornada laboral para estar más presente como padre, y Alicia se volcó en la lectura de libros que versaban sobre la educación en abrazos y mimos. Las normas de casa eran las mismas para todos. Los hijos debían respetar el turno de palabra, ser agradecidos, evitar pelearse o elevar el tono de la voz; a fin de cuentas, ser buenos niños. Sin embargo, tanto Alicia como Carlos fueron más flexibles con Carlitos que con sus dos hermanas. Cuando el pequeño pataleaba, Alicia se tumbaba en el suelo con él y lo acariciaba. Cuando le robaba algo a su hermana Lucía, el padre, en vez de explicitarle a Carlitos que: «Esto no está bien», volcaba todos sus esfuerzos en reprender a Lucía —quien se hallaba muy disgustada—, diciéndole: «Hija, solo es un niño pequeño, y aquello por lo que te quejas es tan solo algo material…». Cuando toda la familia se concentraba en el salón para ver la película de los domingos, Carlitos se colocaba frente al televisor y comenzaba a hacer ruido con uno de sus juguetes. Lucía y Candela le gritaban —cosa que a él le encantaba, sabía qué hacer para sacarlas de quicio—, mientras que Alicia y Carlos optaban por adherirse azarosamente a su norma: «En esta casa no se grita», para castigar a las dos hijas. Poco a poco, Lucía y Candela fueron desistiendo en corregir el comportamiento de su hermano pequeño, argumentaban: «Todo esto no llegará a nada, porque mamá y papá están muy volcados en él». Así pues, si Carlitos molestaba, Alicia lo acariciaba; si Carlitos robaba, Carlos lo excusaba; si Carlitos se metía con sus hermanas, sus hermanas no hacían nada, salvo dejar que hiciese lo que quisiera.

Hablemos ahora del presunto innatismo de la conducta disruptiva de Carlitos.

7.4. DE UNIVERSOS EXPLICABLES A ETIQUETAS DESCRIPTIVAS

«Dentro de la piel de cada uno de nosotros está contenida una pequeña parte del universo (…). Lo sentimos y, en cierta forma, lo observamos, y parecería tonto descuidar esta forma de información solo porque únicamente una persona pueda entrar en contacto con el propio mundo interior. Con todo, de establecer tal contacto, es necesario examinar nuestro comportamiento». (Skinner, 1974).

Quién iba a decir a nuestros antepasados que, llegado el momento, no solo seríamos capaces de observar como agentes pasivos el universo, ayudándonos de complejos aparatos, sino de analizar como sujetos activos los fenómenos que en él ocurren, prediciendo y controlando otros fenómenos que ni siquiera somos capaces de vislumbrar aún. Tal predicción es imposible de llevar a cabo si no buscamos cierto orden en los

fenómenos cosmológicos que detectamos, si no nos basamos en leyes y principios científicos hipotetizados y contrastados y, por supuesto, si no albergamos un margen de error en nuestras consideraciones. La conducta humana —característica esencial de una especie que está dentro de ese universo predecible— no debería tomarse como una excepción de la predicción, el control y la modificación; tampoco debería ausentarse de una búsqueda meticulosa de leyes o principios que la expliquen, y mucho menos aún debería dejarse en manos del azar. La ciencia, específicamente aquella que versa sobre el comportamiento humano, tiene que aspirar a reducir al máximo posible las respuestas incompletas o caprichosas, la ambigüedad, el sensacionalismo y el «todo vale», puesto que con estas actitudes se ponen en riesgo todo lo edificado hasta el momento, toda la sabiduría y tecnología desarrolladas, todo el avance de una civilización.

Hablamos coloquialmente usando términos como «personalidad», «depresión», «ansiedad», «apego ansioso-ambivalente», «TCA», «PAS» y un sinfín de etiquetas que describen la sintomatología que padece un organismo. Hasta cierto punto, ser conocedor de estos síntomas puede brindarnos «luz» en cuanto a reconocer si nuestro comportamiento se ajusta a nuestros valores —en definitiva, si nos estrechan o distancian de eso que llamamos «felicidad»—. Ahora bien, debemos ser cautos al usar estos términos, ya que con demasiada facilidad pueden trascender a apellidos y, en el peor de los casos, a nombres de sujetos. Igual que no nos contentamos con identificar un punto de luz en el cielo y llamarlo «estrella», sino que aspiramos a comprender ese fenómeno, explicar por qué se produce y qué riesgos supondría si se apagara, de igual modo ocurre con la conducta humana: El hecho de describir mi personalidad «narcisista», «antisocial» o «introvertida», mi bajo estado de ánimo, mi alta sensibilidad o mis problemas de imagen corporal no explica por qué es así, cómo se originó y en función de qué se mantiene en el tiempo, unos conocimientos que facilitarían el desarrollo de la tecnología pertinente para su modificación.

En el mejor de los casos, el niño que se refiera a sí mismo como «introvertido» completará su autodefinición con el abordaje de su historia de aprendizaje y de las variables contextuales que median ahora en el hecho de que siga *siendo* introvertido. En el mejor de los casos, si su introversión choca contra sus valores, metas y objetivos, añadirá a su autodefinición: «Pero sé que esto se puede cambiar y voy a ponerme en manos de un profesional para no quedarme enclaustrado de por vida en la etiqueta».

8
PERO ENTONCES... ¿QUIÉN SOY?

«La especie humana, como todas las especies, es el producto de la selección natural. Cada uno de sus miembros es un organismo extremadamente complejo, un sistema vivo, materia de estudio de la anatomía y la fisiología. Se han dividido para su estudio especial campos tales como la respiración, la digestión, la circulación y la inmunización, y entre ellos se encuentra el campo del comportamiento». (Skinner, 1974).

Mas allá de las refrescantes y esclarecedoras palabras skinnerianas, me gustaría abordar contigo la pregunta: «¿Quién soy yo?», no desde la observación puramente evolutiva que encuadra tu existencia y supervivencia dentro de la especie a la que perteneces —lo cual es acertado—, sino desde tus singulares miedos, incertidumbres y, en muchas ocasiones, ausencia absoluta de respuestas. Es probable que a lo largo de la vida hayas transitado por diversas fuentes de información en busca de una respuesta lo suficientemente contundente respecto a ese «Yo soy», del que desconoces la continuación. En mi experiencia particular, he viajado por la filosofía, la religión y la espiritualidad, con ráfagas de escepticismo, nihilismo, fatalismo y visión azarosa de mi naturaleza humana. Fue en el conductismo donde hallé preguntas interesantes por resolver, más que respuestas contundentes. Entiéndeme, la filosofía que respalda las ciencias del comportamiento no puede permitirse brindar verdades absolutas, en la medida en que la ciencia a la cual sirve tampoco las ofrece. Pese a todo, pese a mi particular falsa sensación de control, sigo haciéndome preguntas —e hipotetizo que naturalmente siempre me las haré—. Ahí, precisamente, es donde estriba mi naturaleza humana: en el incesante cuestionamiento.

Simplemente, no puedo tirar a la basura todas las filosofías y los dogmas religiosos por los que he transitado, porque estaría tirándome a mí mismo a la basura, o, para ser más precisos, mis experiencias vitales. Cada planteamiento taoísta que he llegado a tener, cada rezo cristiano o meditación budista ha ido edificando el Dariel que soy hoy. Lo sé, suena como un eslogan demasiado trillado, pero es de los pocos eslóganes por los que muestro simpatía. Todo construye, incluido los derrumbamientos. Cuando algo se cae y se rompe, volvemos a edificar teniendo en cuenta cuáles fueron los errores cometidos en la construcción previa.

Aun así, me sorprende que tanto tú como yo, como cualquiera que lea estas páginas en este preciso instante, tenemos la extraña costumbre de convencernos de que sea cual sea la respuesta a la pregunta: «¿Quién soy yo?», son otros quienes la pueden responder en nuestro nombre. Hasta cierto punto, esto es correcto. Yo no tengo ni idea de cómo funciona mi aparato digestivo o mi circulación. Sé un poquito más sobre cómo nos comportamos, por qué y para qué, y en ese sentido aspiro a que este libro despeje en ti algún que otro interrogante; sin embargo, la complejidad de nuestra especie —igual que la complejidad del cosmos que estudiamos y predecimos— me lleva a *intuir* que el yo es algo más que la suma de las funciones que lo mantienen vivo.

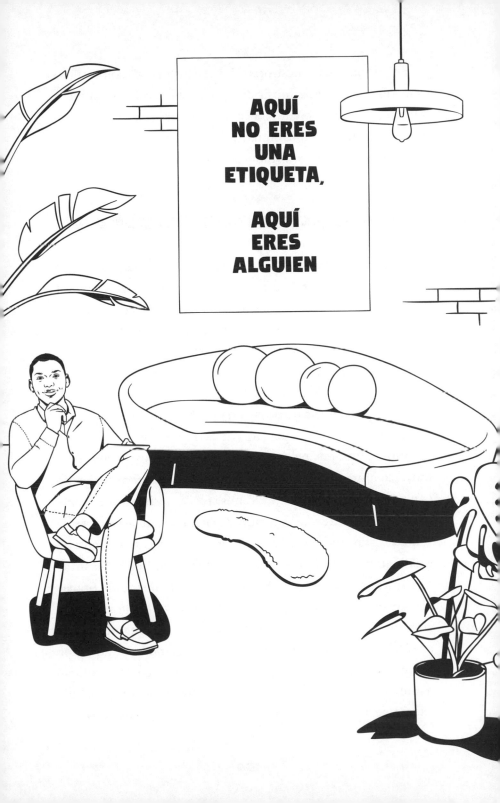

En tu incesante cuestionamiento existencial, solo quiero desearte que tengas la posibilidad de establecer un contacto estrecho con un ambiente que enriquezca las respuestas que te des a ti mismo, siempre contemplando, cómo no, su margen de error: piensa que son respuestas incompletas.

8.1. ¿POR QUÉ LA GENTE ACUDE AL PSICÓLOGO?

Puedo brindarte una respuesta corta y otra más larga a la pregunta: «¿Por qué la gente acude al psicólogo?». La respuesta corta es: para aprender a relacionarse mejor consigo mismo y con su mundo circundante. La respuesta no tan corta requiere considerar, en primer lugar, cómo ha sido esa relación hasta el instante en que se pisa una consulta.

Por lo general, las personas nos adentramos en *eso* que llamamos «vida» con un repertorio de herramientas más o menos resolutivo. En otras palabras, nos apañamos con lo que tenemos. No obstante, *eso* que llamamos «vida» es siempre exigente con nosotros, ya que a menudo nos coloca en situaciones complejas que requieren la ejecución de ciertas estrategias para solventarlas. En muchas ocasiones seremos capaces de atravesar esa dificultad por nosotros mismos, incluso podremos alcanzar una «maestría» al respecto. En otras, no sabremos cómo proceder y pediremos ayuda a personas del entorno —si gozamos de tal posibilidad— para, así, superar el bache. Pero también hay ocasiones en las que ese entorno no sabe cómo responder por nosotros. Es ahí cuando aparece el terapeuta como acompañante de la persona, para facilitar el entrenamiento de habilidades que le permitan atravesar ese bache, si se puede atravesar.

Lo interesante —al menos, para mí— es detectar un factor común denominador en todos los motivos de consulta, en todas las problemáticas y experiencias dolientes de las personas que acuden a terapia: preguntarse por quiénes son y si quieren seguir siendo ese yo que manifiestan hasta el momento.

Automáticamente, el terapeuta reconocerá que, más allá de un problema de conducta específico —ya sea una sintomatología ansiógena, depresiva, obsesivo-compulsiva, procrastinadora o alimentaria—, la persona que experimenta un malestar significativo y que se pone en manos de ese profesional está persiguiendo algo, llámense valores, objetivos, metas o simplemente respuestas a una pregunta de vital importancia para sí misma.

Inicialmente, su discurso partirá de la contemplación de lo que yo llamo «los blancos y negros», es decir, una visión moralista respecto de su propia conducta. Alertará que esto lo hace mal y que aquello lo hace bien. Pedirá incluso que su terapeuta *se moje* al respecto, lo aconseje, opine, establezca juicios de valor sobre su comportamiento…, lo cual podría opacar el propio proceso, en vez de esclarecerlo. Nunca se ha tratado de que el terapeuta responda por su consultante, sino que sea el consultante el que debe articular sus propias respuestas.

Finalmente, tras un arduo trabajo en equipo caracterizado por risas y lágrimas, avances y recaídas, esperanzas y desamparos, la persona abandonará su añejo criterio evaluativo de la conducta —su visión moralista— para, sencillamente, elegir la conducta con la cual se quiere comprometer en pos de sus objetivos. Hablamos, por ende, de un cambio en la manera que tiene la persona de relacionarse consigo misma —sus respuestas psicofisiológicas—, así como de la manera que tiene de relacionarse con su entorno —una visión más flexible del mundo en el cual coexiste; la adquisición de una gama de grises.

8.2. «YO SOY» ALGO MÁS QUE LA SUMA DE LOS «YO TENGO»

Tal como mencioné en epígrafes anteriores, *algo* me lleva a *intuir* que el yo es algo más que la suma de las funciones que lo mantienen vivo. Esta consideración también incluye cualquier rasgo, emoción, pensamiento, acción, condición o diagnóstico psicopatológico. Si albergamos en nuestro interior un universo de historias de aprendizaje, resumirlo en: «Es que siento mucho las cosas», «Sobrepienso 24/7» o «Soy TDAH», constituye, por definición, un reduccionismo de mi propia naturaleza humana. Por supuesto que siento, pero no solamente siento. Es evidente que sobrepienso, pero no solamente

Este es el problema que estás transitando

Este es un problema enquistado

Las demás pueden ser todas cosas buenas

sobrepienso. Planteo serias dificultades atencionales en mi día a día, pero no solamente soy un TDAH.

Esta visión amplificada del universo que somos no puede salvo generar una sensación inicial de vértigo —el mismo vértigo que nos produciría ser lanzados al cosmos y vernos a nosotros mismos en medio de algo tan vasto—. Debido a esa sensación, muchos de nosotros abocamos por contentarnos con definiciones escuetas de lo que somos. Tales definiciones nos brindan control, al menos a corto plazo; sin embargo, es a largo plazo cuando nos damos cuenta de que una buena porción de los acontecimientos vitales que transitamos son inciertos, misteriosos, inasibles y, sí, producen vértigo. Al vértigo, no obstante, podemos llegar a habituarnos, tal como nos habituamos a infinidad de sensaciones y experiencias inicialmente desagradables. Incluso podemos convertir ese vértigo en un amigo; en algo que nos impulse a descubrir nuevos rasgos de nosotros mismos y del mundo del cual formamos parte. Recuerdo las palabras que me repetía mi viejo profesor de Filosofía siempre que teníamos ocasión de intercambiar unas palabras: «Asómbrate, chaval». Hasta el día de hoy, procuro mantener cierta disposición al asombro por las cosas. El análisis de la conducta humana requiere esta habilidad. El hallazgo de cadenas funcionales explicativas del por qué una persona se comporta como se comporta también requiere asombro. Deduzco, de hecho, que el avance de cualquier ciencia no es realmente un avance si el científico no se deja asombrar a la vez que reverencia la aparente impredecibilidad de los fenómenos que estudia. Después buscará el orden, la replicación, la predicción y el control de tales fenómenos; pero, primero de todo, debe haber asombro.

Una visión basada en el asombro de los acontecimientos no podría, en ninguna medida, reducir el organismo humano a una única cosa y nada más.

8.3. LA ESCLAVITUD DE SER ALGO

Es bastante probable que a lo largo de la vida te hayan señalado con el dedo por algo, ya sea por ser alto, bajo, delgado, gordo, blanco, negro, heterosexual, homosexual, transexual, mujer, hombre, capricornio, acuario, apego evitativo, apego ansioso, inteligente, tonto, competente, inmaduro, empático, narcisista, triunfador, fracasado, trabajador, perezoso… (Incluye aquí el adjetivo con el que más te hayan señalado). ¿Y bien?, ¿qué capacidad de movimiento te ofrece quedar reducido a esa etiqueta? ¿Cuáles son sus límites?, ¿qué pasa si un día te levantas queriendo *ser* algo más allá de eso por lo que te señalan? Pues es posible que requiera tanto esfuerzo por tu parte y por parte de tu entorno en lo que concierne a la deconstrucción de ambos, que finalmente no necesites, siquiera, que otros te señalen con el dedo: lo harás tú mismo.

A partir de ese momento vivirás en una especie de jaula suficientemente minúscula como para que solo puedas habitarla tú y todos tus: «Es que yo soy así». Por supuesto, hay cosas que nos identifican, que dicen algo sobre quiénes somos, que albergan una historia —o historias—, alojan una lucha por los derechos humanos y una aspiración a una vida digna —no una aspiración a la tolerancia, porque no necesitas que nadie *te tolere* para poder existir—, con independencia de los rasgos o las condiciones que parcialmente te caracterizan. No obstante, existen muchas más cosas que te identifican y que están o bien a la vuelta de la esquina o bien delante de tus ojos.

Recuerdo que, en la época de instituto, cada vez que salía al recreo, veía distintos grupos concentrados en cada esquina. Por un lado estaban «los emos»; por otro, «las pijas»; en otra esquina, «los latinos», y en la última esquina, «los macarras». Podría haber optado por aquello que me identificaba entonces, lo conocido, lo familiar y lo seguro, que era el grupo de «los latinos»; podría haber entablado conversación y relación con ellos exclusivamente, pero también me permití conocer a «los emos» y sus *playlists* de rock melodramático, y descubrí un gusto musical compatible con el mío. Me permití estrechar lazos con «las pijas» y aprendí mucho sobre marcas de ropa y cómo combinar colores. Me permití acercarme a «los macarras» y aprender de ellos a decir las cosas sin tapujos, de forma transparente, tal como las siento en un momento dado, para llegar luego a casa y que mis padres completaran ese aprendizaje con un: «Sí, pero con tacto y sin herir a nadie». Mi auto-inclusión en cada uno de esos contextos me llevó a comprender que también soy emo, pijo y macarra, no solamente latino, lo cual brindó *libertad* —margen— a mi conducta.

8.4. LA LIBERTAD DE SER ALGUIEN

Rehúyo tanto como puedo la palabra «libertad» por razones obvias: la libertad no existe. Sin embargo, es un concepto con connotaciones positivas para la mayoría —un concepto condicionado apetitivamente—, así que me aprovecho de este

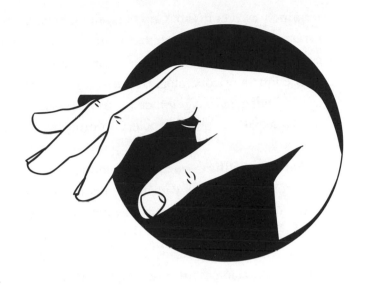

200TB CON HISTORIAS DE APRENDIZAJE

término y a veces lo uso. Con él no me refiero, no obstante, a un estado emocional concreto o a una especie de «iluminación espiritual» que se alcanza cuando damos un paso más allá de toda etiqueta psicopatológica, pues esto desplazaría al futuro la posibilidad de *ser alguien*, de modo que resultaría contradictorio que para ser alguien tuviera que esperar.

Para ejemplificar *eso* a lo que me refiero con «libertad» cuando se es alguien —y no algo—, pensemos por un instante en la meditación y en la promesa que presuntamente guarda el ejercicio constante de tal actividad. Verás que muchos libros, religiones y eruditos de la filosofía budista garantizan que la meditación es una puerta que te conduce a lo que ellos llaman «paz interior», «estado verdadero del yo», «nirvana», «serenidad» y demás edulcorantes verbales.

Desde un enfoque un poquito más aterrizado, como el que constituye el análisis de la conducta, lo que en esencia sucede cuando un organismo vuelca su foco atencional al presente —al aquí y al ahora—, es que ejecuta una detención de su actividad pensante o rumiativa —esa voz que no deja de hacer ruido dentro de ti y que o bien no cesa en el recordatorio de todo lo que has hecho mal hasta el momento o bien se vuelca en anticipar las consecuencias y los escenarios más catastróficos posibles que te pudieran acontecer—. Automáticamente, con esa detención del pensamiento, el organismo vivencia un silencio y una sensación de alivio; sin embargo, el alivio solo puede acontecer cuando aquello que lo precede es una molestia. Esa molestia es la propia rumia. De igual modo, cuando somos capaces de ir un paso más allá de las etiquetas bajo las cuales nos hemos arrinconado o enclaustrado y «nos damos permiso» —es decir, nos exponemos— a redescubrirnos, reinventarnos y reconocernos a partir de la emisión de nuevos re-pertorios comportamentales, nuevos contextos, nuevos víncu-los significativos y, en definitiva, nuevas experiencias, experi-mentamos una sensación de «ligereza», de «fluidez», de «soltu-ra», de alivio, que solo puede acontecer cuando aquello que lo precede es una molestia. Vivir bajo la exclusiva pertenencia a una etiqueta o descripción de lo que *soy* es, por ende, molesto, pese al falso control que, a corto plazo, nos concede.

Somos el producto de una cadena infinita de aprendizajes. De algún modo, podríamos considerarnos, análogamente, un ordenador al cual va conectado un pendrive con mucha infor-mación en su interior. Cada dato que ese pendrive alberga es relevante porque favorece que el ordenador disponga de recur-sos, herramientas, programas antivirus y, en el mejor de los casos, todo lo necesario para vivir de manera digna, y no sola-mente para sobrevivir.

No obstante, y a diferencia de ese pendrive, no podemos extraer o eliminar nuestra historia de aprendizaje. Afortuna-damente, forma parte de nosotros y posibilita que, frente a nuevas situaciones que guarden semejanza con acontecimien-tos pasados, el organismo responda en favor de su supervivien-cia. El pendrive va incorporando nuevos recursos al ordena-dor, igual que el aprendizaje no se detiene en ningún momen-to de la vida de un organismo. Los ordenadores se actualizan para su buen funcionamiento. Los humanos también.

Somos una bonita paradoja. Simples y a la vez complejos. Atados a nuestra historia y libres de seguir construyéndola. Ansiosos por tener el control y aliviados en las raras ocasiones que dejamos de tenerlo. Y en medio de esa paradoja, una pregunta: «¿Quién soy yo?». Bueno, te deseo un buen viaje en la búsqueda de tus respuestas, siempre incompletas.

8.5. LIMITACIONES DEL PRESENTE LIBRO

Una de las cosas que aprendí en la universidad y que decidí incorporar a mi repertorio conductual fue procurar, en la medida de mis posibilidades, mantener una actitud humilde frente a mi objeto de estudio, es decir, frente a cualquier hipótesis explicativa que pudiera considerar respecto de la conducta humana. Por eso quiero compartir contigo las limitaciones del presente manuscrito, en un amago de aliviar mi sensación —falsa— de control, además de mostrarme humano y vulnerable contigo, más allá de divulgador.

En el abordaje de cada capítulo y problema psicológico, he procurado hacer un balance entre la literatura científica, la experiencia profesional, las consideraciones personales y la filosofía conductista que respalda las hipótesis abordadas. No me cabe la menor duda de que existen infinitas variables que he obviado en el análisis de las problemáticas exploradas; para futuros trabajos, espero ser capaz de enmendar mis errores —o, en el mejor de los casos, que lo hagan otros compañeros científicos— en pro de la máxima precisión posible.

He respetado tanto como me ha sido humanamente posible el uso de una terminología que compete a los analistas de conducta; sin embargo, para facilitar la comprensión y el entendimiento del fenómeno objeto de estudio —la conducta— por parte de una mayoría de lectores, he aterrizado ciertos conceptos y términos al lenguaje coloquial, en pos de que la urgencia por conocer y comprender nuestro comportamiento se vea mínimamente aliviada.

Toda ciencia es acumulativa y autocorrectiva. Pese al avance significativo que han sufrido las ciencias del comportamiento en poco tiempo, soy consciente de que aún quedan muchos interrogantes y misterios en relación a la naturaleza humana que han de ser resueltos y que —nada más lejos de la realidad— aspiro a ser yo quien los resuelva. Pido disculpas si alguna de mis afirmaciones verbales sugiriese, en alguna medida, arrogancia o superioridad moral. Lejos de elicitar tales interpretaciones en el lector, mi intención tan solo era reflejar la filosofía de una ciencia que, pese a su avance, es desconocida para muchos o, en el peor de los casos, ni siquiera se considera una ciencia.

REFERENCIAS

BLACK, D. W., Grant, J. E., M. D., M. P. H., J. D. (2014), *DSM-5 Guidebook: The Essential Companion to the Diagnostic and Statistical Manual of Mental Disorders, Fifth Edition*. American Psychiatric Association Publishing.

BOWLBY, J. (1977), «The Making and Breaking of Affectional Bonds», *The British Journal of Psychiatry*, 130 (3), Cambridge University Press, pp. 201-210. <https://doi.org/10.1192/bjp.130.3.201>

FREIXA I BAQUÉ, E. (2003), «¿Qué es conducta?», *Revista Internacional de Psicología y de la Salud*, vol. 3, n.º 3, pp. 595-613. <https://www.aepc.es/ijchp/articulos_pdf/ijchp-89.pdf>

PÉREZ ÁLVAREZ, M. (2007), «La activación conductual y la desmedicalización de la depresión», *Papeles del Psicólogo*, vol. 28 (2), pp. 97-110. <https://www.papelesdelpsicologo.es/pdf/1474.pdf>

Real Academia Española: *Diccionario de la lengua Española*, 23.ª ed., [versión 23.7 en línea]. <https://dle.rae.es> [27 de diciembre de 2023].

SKINNER, B. F. (1953/1970), *Ciencia y conducta humana*, Barcelona, Fontanella.

SKINNER, B. F. (1957/1981), *Conducta verbal*, México D. F., Trillas.

SKINNER, B. F. (1974/1994), *Sobre el conductismo*, Barcelona, Planeta-De Agostini.

Este libro
se terminó de imprimir
en abril de 2024